数の日本史事典

阿部　猛

同成社

目次

装丁　吉永聖児

数の日本史事典

凡　例

一、本事典は、日本史上における数に関する用語について解説したものである。

一、本事典は、用語につき簡便に意味を知ることができるよう編纂したものである。したがって、用語編の解説は簡潔を旨とした。

一、用語の掲載順序は数の順番にしたがった。また、同じ数の場合は、その読みにしたがい、五十音順に配列した。

一、読者の便宜を考え、巻末に分類別索引を付した。

一、参照項目は、用語編各項目の本文中あるいは末尾に＊印か、↓印で示した。

【一未満】

十分一銀《じゅうぶいちぎん》

江戸時代、手数料として、取扱い金額の一割を取ること。婚姻・就職・借金などの世話料・仲介料。

十分一大豆銀納《じゅうぶいちだいずぎんのう》

江戸時代、田畑の年貢の一割を大豆値段で換算して銀納する制度。もとは大豆の現物納だったものを銀納したのである。

十一《といち》

一〇日で一割《わり》（一〇パーセント）の利息。

分一銭《ぶいちせん》

基準額の一〇分の一の金銭。↓分一徳政

分一徳政《ぶいちとくせい》

室町幕府が享徳《きょうとく》三年（一四五四）から行った徳政のひとつ。徳政令の公布に当たり、債務者から債務額の一〇分の一の分一銭を上納させて債務の破棄を認め、又は債権者から分一銭を上納させて債権を認めたもの。

四半分《しはんぶん》

四分の一のこと。

三分一銀納《さんぶいちぎんのう》

江戸時代、上方《かみがた》筋で行われた年貢上納法。全年貢のうち三分の二は米で納め、三分の一は銀で納める形態。銀納は明治三年（一八七〇）に廃止された。

二分之一地頭職《にぶんのいちじとうしき》

中世荘園制のもとでは、領家職《りょうけしき》―預所職《あづかっそしき》―地頭《じとう》職《しき》―名主職《みょうしゅしき》―作職《さくしき》などは、年貢の一部を取得することのできる権利（得分権《とくぶんけん》）であって、理論的にはこれを分割することが可能である。したがって、親が数人の子に財産を譲るとき、二分割、三分割して相続させることがある。

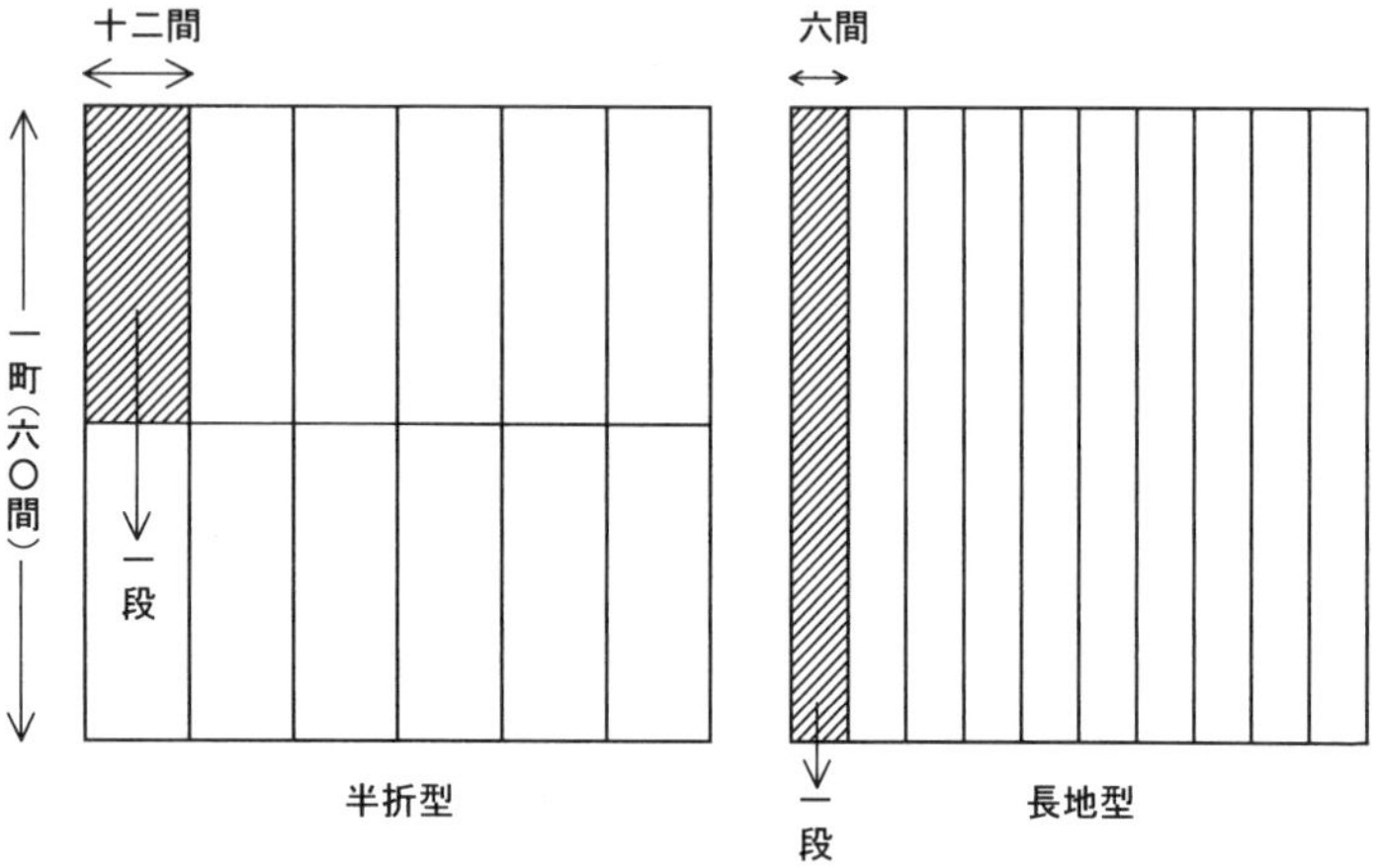

半折《はおり》

古代・中世の田地の形状。条里制《じょうりせい》にもとづく田地の基本的な形状は六歩（三〇尺）×六〇歩（三〇〇尺）＝三六〇歩の細長いものであるが（これを長地《ながち》という）、これを折って重ねた形状の、一二歩×三〇歩＝三六〇歩のものを半折という。

半物《はしたもの》

平安時代、中宮および貴族の邸宅に仕えた女官・女房のうち身分の中位の者。中臈《ちゅうろう》。しかしのちには下女をいう言葉となった。

半蔀《はじとみ》

上下二枚構造の蔀《しとみ》の上半分を釣り上げられるようになっているもの。なお、網代車《あじろぐるま》の物見窓が引戸ではなく半蔀になっているものを半蔀車とよぶ。

半《はん》

田畠の面積の単位。古代・中世に一段＝三六〇歩制のもとで、大＝二四〇歩、半＝一八〇歩、小＝

一二〇歩とする。

半当たり　はんあたり

漁業労働者の給与についての決まり。網漁《あみりょう》の舟子《ふなこ》が、数日休んでも一人前の配当を受けることができるが、一漁期休むと半人前の給与しか受けられなかった。一人前＝当たり前の半分の意である。

半円札　はんえんさつ

明治時代の五〇銭紙幣をいう。

半　角　はんかく

一角＝一分金の半分で、金二朱のこと。

半上下　はんがみしも

江戸時代の目見得《めみえ》以下と庶人の通常の麻上下《あさかみしも》。肩《かた》衣《ぎぬ》に小袴《こばかま》を着用する。長袴《ながばかま》を用いると長上下《ながかみしも》。

半季奉公　はんきぼうこう

江戸時代、奉公人の雇用《こよう》期間を三月五日から半年、九月五日から半年と区切って契約するもの。一季＝一年。

半　弓　はんきゅう

通常の弓の半分ほどの長さの弓で、遊戯用に使われ、坐ったままで引くことができた。

半　玉　はんぎょく

まだ一人前になっていない芸者《げいしゃ》。玉代《ぎょくだい》（料金）が半額であることから。

半　家　はんけ

室町時代以降の公家《くげ》の家格《かかく》。清涼殿《せいりょうでん》に昇殿《しょうでん》を許される堂上家《どうじょうけ》のうち、衣紋道《えもんどう》・紀伝道《きでんどう》・陰陽道・神道などに携《たずさ》わる家。高倉・富小路《とみのこうじ》・五《いつつ》辻《じ》・竹内・高辻・東坊城・五条・唐橋・舟橋・土《つち》御門《みかど》・吉田・藤波・西洞院《にしのとういん》家など。

半石代　はんこくだい

江戸時代の貢租納入の方法で、貢租の半分を現物、半分を金納するもの。半石半永と称し奥羽地方で行われた。「永」は永楽銭の略で銭《ぜに》のこと。

半手綱 はんこたな
たんな（手綱、細長い布のこと）の半分の意。秋田県・山形県地方で、絣《かすり》や紺木綿《こんもめん》を頭からあごにかけて巻きつけ、眼だけを出すかぶり物をいう。日除《よ》け、虫除け、また稲の穂で顔を傷つけないようにする。

半　紙 はんし
江戸時代から一般に用いられた言葉。西国の諸藩が農閑期に山村の民に紙舟役として課し上納させた大衆紙。縦八寸・横一尺一寸の標準寸法で、二〇枚＝一帖《じょう》、一〇〇帖＝一締《しめ》。大福帳などの帳面、書状、書籍用紙とされた。

半　鐘 はんしょう
小形の釣鐘《つりがね》で、火の見やぐらの上に取りつけ、火災警報のために打ち鳴らす。

半　畳 はんじょう
芝居小屋で、見物人に貸し出す一人用の小さなゴザのこと。「半畳を入れる」というと、役者に対して不満のあるとき、観客が自ら敷いているゴザを舞台に投げ入れること。転じて、他人の言動に野《や》次《じ》をとばしたり茶化《ちゃか》したりすることをいう。

半昇殿 はんしょうでん
半殿上ともいう。侍医《じい》のこと。侍医は殿上人《てんじょうびと》でなくても、拝診のため小板敷《こいたじき》まで参上することを許された。

半　尻 はんじり
公家の幼童の行動を自由にするために、背面の裾《すそ》を短かく仕立てた狩衣《かりぎぬ》。

半　済 はんぜい
①年貢・公事《くじ》などを半分納入すること。②南北朝内乱期に、国衙領《こくがりょう》・荘園の年貢の半分を兵粮《ひょうりょう》料所《りょうしょ》として軍勢に預け置く制度。応安元年（一三六八）一部を除いて全国的に本所領（荘園）を雑《ざっ》掌《しょう》と半済給人の間で均分することになった。

半知　はんち

知行の半分の意。江戸時代、藩財政の窮乏を救うため、借上《かりあげ》・上米《あげまい》などと称して家臣の知行や俸禄を削減した。知行高の半分という場合が多かったので半知と称した。信州松代藩《まつしろはん》では享保十四年（一七二九）から臨時に半知が実施され、寛保元年（一七四一）以降は恒常化し幕末におよんだ。

半手　はんて

AB二大勢力の軍事境界線に位置する村が、年貢を二分し、A・Bにそれぞれ半分ずつを納めることで平和を維持する。一種の中立地域となるのである。戦国時代、毛利氏領国では半納と称したが、東国では半手とよんだ。

半天　はんてん

男女の略装の防寒着および仕事着。羽織と同じく衽《おくみ》がない。帯の上から着ることから半天羽織といい、吉原の女たちが着たので吉原羽織ともいわれた。

半導体　はんどうたい

温度をあげると電気伝導性を増し、低い温度では絶縁体に近い性質をもつ物質。常温における電気伝導度は金属のような良導体とガラスのような絶縁体との中間ていどの固体。ゲルマニウムやケイ素（シリコン）がよく使われる。トランジスタ・光電管などエレクトロニクスで広く用いられる。

半ドン　はんどん

ドンはドンタク（Zondag オランダ語）の略で日曜日、休日。半ドンは半休、半日勤務で、土曜日のことをいう。

半端者（物）　はんぱもの

全部そろっていない不完全な物。中途半端な人、はみ出し者、気のきかない人をいう。

半分　はんぶん

二分の一。中世の荘園制で、荘園内の寺社の祭りの費用、灌漑用水関係の費用や、守護に徴収された人夫役や段銭《たんせん》などを、年貢から半分差し引く慣わしがあり、年貢の散用状《さんようじょう》（＝収支決算書）に「除く……半分」と書かれる。負担を領主と荘民が折半するのである。

半分償　はんぶんまよい

半額の弁償の意。質屋が質物を失ったときは半額を弁償すると伊達氏の「塵芥集」にみえる。

半　的　はんまと

大的《おおまと》の半分の大きさの的《まと》で、直径二尺六寸（約八〇センチメートル）。

半　道　はんみち

一里（約三・九キロメートル）の半分。半里。

半物草　はんものぐさ

かかとの部分のない短かい草履《ぞうり》。あしなか。

地主半分・百姓半分　じぬしはんぶんひゃくしょうはんぶん

中世、荘園に段銭など臨時の賦課が行われたとき、その負担を地主と百姓が半分ずつ分けあう習慣。「名主半分・百姓半分」「年貢半分・百姓半分」ともいう。いずれにせよ、賦課の半額が年貢から差引かれる。

【一】

一位 いちい

古代律令《りつりょう》制における位階の第一位。正《しょう》一位と従《じゅ》一位。相当官は太政大臣《だいじょうだいじん》。太政大臣は適任者がなければ欠員でもよく、「則闕の官」—「其の人無くば（則ち）闕《か》けよ」（職員令《しきいんりょう》）—という。

一院 いちいん

①いちのいん。同時に院（上皇《じょうこう》・法皇《ほうおう》）が二人以上あるとき、第一の院をいう。一院・中院・新院と称し区別する。鎌倉時代初期、後鳥羽上皇を一院、土御門上皇を中院、順徳上皇を新院とよんだ例がある。この三人の上皇は、承久の乱（一二二一年）で、隠岐（後鳥羽）、土佐（土御門）、佐渡（順徳）に流された。②院は寺院。一つの寺。③近代、二院制の議会で、その一方の議院。現在、わが国では衆議院と参議院の二院制。

一員 いちいん

律令《りつりょう》官司制で、各省《しょう》・寮《りょう》・司《し》の構成員一の員数。定数一。

一院制 いちいんせい→一院

一円 いちえん

①貨幣の単位。一銭の一〇〇倍。②或る地域全体を指す言葉。一円知行《ちぎょう》（他の介入《かいにゅう》を許さず完全に支配する）、一円所領、一円所務《しょむ》（他からの介入を許さず所領を支配し年貢を取ること）など。

一円金貨 いちえんきんか

明治四年（一八七一）の新貨条例によって制定された本位金貨中の原貨。翌年二月に発行された。直径約一・四センチメートル、量目約一・六六グラム。品位は金九・銅一であった。明治三十年に発行停止となった。

一円所領 いちえんしょりょう

→一円《いちえん》

一家老 いちがろう
大名家の首席家老。筆頭《ひっとう》家老。

一儀 いちぎ
①一件、あのこと。②寸志《すんし》。③男女の交接、性交。「一儀に及ばず」といえば、何ら異論を述べることもないこと。

一行 いちぎょう
①許可・賞与・借用書などの証拠文書。②書状。

一行物 いちぎょうもの
文字を一行に書いた墨蹟《ぼくせき》。床《とこ》の間、茶室などに掛ける。

一具 いちぐ
①器具や衣服、甲冑《かっちゅう》など、ひとそろい。一式。②雅楽《ががく》で、序《じょ》・破《は》・急《きゅう》など曲の構成部分をみな備えていること。「具」の訓は「そなう」。

一具沙汰 いちぐ（の）さた
中世武家の訴訟法で、二件の訴訟をまとめて審理すること。一具訴訟。

一具弓懸 いちぐゆがけ
弓を射るときに用いる皮製の手袋の一対《いっつい》になったものをいう。

一軍 いちぐん
古代、一万二五〇〇人の兵士で構成される軍隊。三つ合わせて「三軍」（三万七五〇〇人）と称する。中国古代周《しゅう》の軍制に由来する言葉。

一夏 いちげ
「一夏九旬《いちげくじゅん》」の略。仏教用語。四月十六日から七月十五日までの九〇日間、安居《あんご》を行う。安居とは、もとは、一定の場所に籠って修行すること。わが国では経典の講説を行う。

一見 いちげん
はじめて会うこと。初対面。「見」は「見参」の略。遊里で「初会《しょかい》」の意。また婿《むこ》がはじめて嫁の親に会うこと。一見客、また一見茶屋*の略。

一元　いちげん

①一つの年号。天皇一代の間、ひとつの年（元）号を用いる。明治元年（一八六八）に一世一元の制をたてた。②暦法で六〇年のこと。二一元を一蔀《ぼう》（一二六〇年）という。

一絃琴　いちげんきん

一本の弦を張った琴で、江戸時代中頃から幕末まで流行した。

一見茶屋　いちげんちゃや

紹介のない客や、なじみでない客でも、現金で自由に遊ばせた茶屋。茶屋は、料理茶屋（料亭）。

一期一会　いちごいちえ

茶道の心得から出た言葉。一生に一度しか会えないふしぎな縁をいう。

一合枡　いちごうます

一合（＝約〇・一八リットル）入りの計量容器。ふつうは木製。米・酒・油などをはかる。

一五法　いちごのほう

江戸時代、田からの年貢取米一斗は畑の取米六斤に当たるのをいう。『地方凡例録《じかたはんれいろく》』（大石久敬〈一七二五―九四〉著）に「二石五斗の直段《ねだん》に六分ちがひを乗じ、実米一石五斗と成る、則《すなわち》米の実直段也」とある。

一期分　いちごぶん

中世の財産相続上の慣《なら》わしで、相続人が死亡したとき、その財産を惣領《そうりょう》に返還する特約のついた財産をいう。鎌倉末から室町期に、土地・財産の分割相続による所領規模の縮小化、家の衰退を防ぐために行われた。女子分・庶子《そし》分・後家《ごけ》分・隠居《いんきょ》分の譲与についてこの形式がとられた。

一期領主　いちごりょうしゅ

一期分の所領を知行する領主のこと。

『一言芳談』　いちごんほうだん

一三世紀末から一四世紀前半に成立した念仏行者

の法談を集録したもの。編著者未詳。「日本古典文学大系」に収める。

一座　いちざ

第一の座席、首座、上席。またその座につくこと。また、摂政関白を指す。

一座掛（懸）　いちざがかり

江戸時代、寺社奉行《じしゃぶぎょう》・町《まち》奉行・勘定《かんじょう》奉行の三奉行と大目付《おおめつけ》が評定所《ひょうじょうしょ》に寄りあい行う合議裁判のことを評定一座とよんだ。管轄権《かんかつけん》の入り組んでいる刑事事件の場合など、このかたちをとり、一座掛りと称した。

一座建立　いちざこんりゅう

能楽の一座を経営すること。世阿弥《ぜあみ》の『風姿花伝』（一四一八年頃成立）の中にみえる言葉。

一座二句物　いちざにくもの

連歌《れんが》で、一巻の中で二句まで用いることのできる言葉。春月―有明、冬月―有明のごとし。―三句《さんく》物―四句物《しくもの》―五句物《ごくもの》などもある。

一座宣旨　いちざのせんじ

第一の上座《じょうざ》につくことを許す宣旨（天皇の命令）。摂政《せっしょう》・関白《かんぱく》に就任すると、この宣旨により、位階に関係なく大臣の上座につく。

一字　いちじ

①高貴の人、また主人が従者に与える諱《いみな》（実名、本名）の一字。例えば、後醍醐天皇の諱尊治の「尊」を賜わって足利尊氏を名乗ったごとき。（↓一字書出）（↓一字御免）②一文銭の四分の一。一文銭には「寛永通宝」のごとく四文字が記されていた。その四分の一で「一字」というわけである。

一事以上　いちじいじょう

万事。すべて。「宜《よろ》しく承知し、一事以上、使の所《しょ》勘《かん》に随《したが》うべし」などと用いる。

一字一石経　いちじいっせききょう

二センチ内外の平たい小石に仏典を一字ずつ書写

し土中に埋めたもの。一四世紀南北朝期以降にはじまったもので、今日におよぶ。

一字書出 いちじかきだし
古文書《こもんじょ》の様式のひとつ。武士が元服《げんぶく》して実名を名乗る場合、将軍や大名から諱《いみな》の一字*を与えられるときの文書。一字状、名字状《みょうじじょう》、加冠状《かかんじょう》ともいう。（→一字）（→一字御免）

一式戦闘機 いちしきせんとうき
一九四一年制式の陸軍の主力戦闘機。通称「隼《はやぶさ》」。最大速度四九五キロ／H、航続距離約一〇〇〇キロ。旋回能力にすぐれ、太平洋戦争初期に大活躍した。

一字缺 いちじけつ
天皇又は高貴な人の名に敬意を表し、文中のその名の前の一字分を空白にすること。「一字空《いちじくう》」ともいう。

一時小作 いちじこさく
年季小作の一種。地主の手不足から一時的に田畑を小作人に貸与するもの。

一字御免 いちじごめん
主君が家臣に自分の諱《いみな》（実名）の一字を与えること。一字拝領という。主君が従者の功績を賞し、また、主従関係を強化する方策として行われた。

一字台頭 いちじたいとう
天皇または高貴な人に敬意を表して、その人についての文字の部分で改行し、他の行より一字分上に出して書く。他の行と同じ高さに書くのは平《へい》出《しゅつ》という。

一実神道 いちじつしんとう
比叡山東麓の坂本の日吉《ひえ》神社を中心に起こった山王一実神道。天台神道。神仏習合の学理にもとづく仏教神道。「一実」とは唯一絶対の真理の意。平安末期に起こり、鎌倉時代に教説がまとめられた。

一時同訴 いちじどうそ

或る訴訟の係属中に、訴人から同一事件につき訴えること。中世武家法では禁止されていた。「一事両様」*と同義にも用いられる。

一字名 いちじな

①一字名乗《なのり》ともいう。姓名の名が一字のもの。源信《まこと》のごとき。②和歌・連歌の懐紙《かいし》・短冊《たんざく》に、実名のかわりに記す一字の名。一種の雅号《がごう》。

一字版 いちじばん

近世初頭の木活字版。文禄・慶長の役後、朝鮮から活版印刷技術が輸入されて普及した。

一事不再議 いちじふさいぎ

議会で、一度否決された法案は同会期中にふたたび提出することはできないという原則。旧「大日本帝国憲法」第三九条に規定されていた。現「日本国憲法」には規定がない。

一事不再理 いちじふさいり

確定判決のなされた事件については重ねて公訴の提起を許さない刑事訴訟法の原則。

一字平出 いちじへいしゅつ

天皇又は貴人の名前が文中にあるとき、敬意を表して、その一字を次の行《ぎょう》へ上げ、他の行の頭と同じ高さに書く。

一　旬 いちじゅん

一〇日間。旬日。一か月を三分して、それぞれの一〇日を、上旬・中旬・下旬とよぶ。一旬＝一〇年の意にも用いられ、「齢《よわい》五旬におよぶ」といえば、年齢が五〇歳になるの意。

一　巡 いちじゅん

①酒宴で杯《さかづき》が人びとの間をひとめぐりすること。②連歌《れんが》や俳諧《はいかい》の連句《れんく》で、参会の人びとが発句《ほっく》から順に一句ずつつくり、ひとめぐりすること。

一准《いちじゅん》

定まり変わらぬこと。「一准ならず」といえば、同一の方法・手段ではないの意。

一乗《いちじょう》

一は唯一無二。乗は乗物で衆生《しゅじょう》を載せて仏果を運ぶ意。一切の衆生をことごとく成仏させる教法。「一乗の法」といえば、おもに法華経《ほけきょう》をさす。

一定《いちじょう》

①確定する。②たしかなこと。③必ず、きっとの意。

一帖《いちじょう》

折り畳んだもののひとつ。半紙二〇枚・美濃紙五〇枚。

一丈《いちじょう》

①長さの単位で、一〇尺、約三・〇三メートル。

②中世に地方で行われた地積の単位で、「杖《つえ》」とも書く。一段の五分一＝七二歩《ぶ》に相当するか。

一条桟敷《いちじょうさじき》

平安京一条大路の両側に設けられた桟敷。おもに賀茂祭、天皇の賀茂社行幸、関白賀茂詣の見物のために設けられた。桟敷には仮設のものと檜皮葺の常設のものがあった。

一乗谷城《いちじょうだにじょう》

戦国大名朝倉氏の居城。福井市にあり、山城と山麓の居館、城下町から構成されている。城砦としては一四世紀から存在したと思われる。発掘調査が行われ一部は復元されている。特別史蹟に指定された。

一条第《いちじょうてい》

一条大路南、高倉小路東の辺りにあった藤原道長の邸宅のひとつ。もと道長の岳父源雅信の所有であった。

一条戻橋《いちじょうもどりばし》

京都一条大路の堀川に架《か》かる橋。世を去った三善清行が子の浄蔵の祈りによってこの橋上で蘇《よみがえ》ったという伝承にもとづく。この橋は伝説に富み、渡辺綱の鬼退治の話は有名である。

一条流　いちじょうりゅう
浄土宗鎮西派の一流。礼阿然空《らいあねんくう》（?—一二九七）にはじまる。

一事両様　いちじりょうよう
①訴が係属《けいぞく》中に同一訴人が同一の訴を別に提起すること。鎌倉幕府はこれを禁じた。②事実と関係者の申し立てとの間に相違のあること。③ひとつの事を二様にみたりいったりすること、いわゆる二枚舌。（↓一事同訴）

一字蓮台経　いちじれんだいきょう
経文の一字一字の下に蓮台を描いて書写した装飾経。「法華経」書写の方法として平安時代の中・後期にさかんに行われた。

一人　いちじん
「いちにん」とも。①「いちじん」と読んで天皇のこと。②「いちのひと」と訓読して摂政・関白のこと。

一絶　いちぜつ
ひとつの絶句。転じて一首の短歌。

一膳めし屋　いちぜんめしや
一膳めし、食器に盛り切りにして売るめしをたべさせる店。安価な食堂。江戸時代～昭和初期の用語。

一族　いちぞく
父系血縁者の同族集団をいう。

一族一揆　いちぞくいっき
南北朝～室町期の在地領主の結合形態である国人《こくじん》一揆のうち、惣領《そうりょう》と庶子《そし》などの同族内部の結合をいう。惣領と庶子がすべて一揆するもの、惣領家に対抗するため庶子家が一揆するものの両様がある。貞和七年（一三五二）足利尊氏と直義兄弟の対立―いわゆる観応の擾乱に際して、備後国の山《やまの》内《うち》首《す》藤《どう》一族は、直義方に味方して戦うことを一揆契約状に記し、誓約した。また、宝徳三年（一四五一）安芸国の小早川氏の庶子家は、惣領家に非があれば、庶子一同で異議を申し立てる旨を契約している。

一駄《いちだ》

馬一頭に負わせる荷の量。一駄荷。米俵だと二―三俵ていど。

一代一号《いちだいいちごう》

↓一世一元

一代一度大奉幣《いちだいいちどのだいほうべい》

天皇即位に際して、全国の有力大社に勅使を派遣し神宝を奉《たてまつ》り奉告する儀式。平安中期から鎌倉中期まで重んじられた儀式で、その次第は『西宮《さいきゅう》記《き》』『北山抄《ほくざんしょう》』『江家次第《ごうけしだい》』などの儀式書に詳しい。

一代抱《いちだいかかえ》

江戸時代、当人一代限り召し抱えられる家臣のこと。

一代士族《いちだいしぞく》

明治初年の士族制度で、その身一代だけ士族の資格を与えられたもの。

一大率《いちだいそつ》

『魏志』倭人伝にみえる。女王国（邪馬台国）より以北の諸国を検察するために伊都国に置かれた官。

一代分限《いちだいぶんげん》

自分一代で財産を築いた金持のこと。「分限」は分限者、財産家のこと。

一旦那《いちだんな》

①寺院に対して最も多く財物を喜捨する信徒。②お得意さま。

一日三秋　いちにち（じつ）さんしゅう

一日千秋*に同じ。

一日千秋　いちにち（じつ）せんしゅう

一日が長く感じられること。待ちこがれる気持をあらわす。「秋」は一年とも、また秋三か月のことともいう。

一日晴　いちにちばれ

公家の晴の儀（行事）の参列者の制服（朝服）の下着を、その日にかぎって色や文様を自由に使用することを許すことをいう。長く裾《すそ》をのぞかせる下襲《したがさね》については、おのおの趣向をこらして風流《ふりゅう》を競《きそ》った。

一日半時　いちにちはんじ

一日片時に同じ。

一日片時　いちにち（じつ）へんじ

わずかな時間、しばし。

一　人　いちにん

右大臣の異称。

一　任　いちにん

①律令官人の任期。一つの任期。官職により異なるが、ふつうは四〜六年。②地方官の任期。令制では、国司主典《さかん》以上は六年、史生以下の雑任《ぞうにん》は一二年とされたが、変遷があった。承和二年（八三五）すべて一任四年とし、陸奥・出羽・大宰のみ五年とした。

一人当千　いちにんとうぜん

「いちにんとうせん」とも。一人で千人にも相当する勇気や力のある者。兵《つわもの》。「一騎当千」も同義だが、この方が新しく、一四世紀以後の用語。

一人百姓　いちにんびゃくしょう

江戸時代、本百姓の頭《かしら》分に当たる有力百姓。中世の名主《みょうしゅ》や武士の系譜をひく有力者で、村役人を世襲することが多い。長《おとな》百姓。

一人扶持　いちにんふ（ぶ）ち
江戸時代、主君から家臣に給与される俸禄の基準。一人一日の食糧は玄米約五合、一か月一斗五升を標準とし、その一年分の給与。五斗俵《びょう》で三俵半余。

一人前　いちにんまえ
村落共同体の中で構成員として認められる資格。村落によって基準が異なる。年齢一五歳以上、米一俵を背負えること、田の耕起・草取りを一日に五畝《せ》（一段の半分、約五アール）できることなど。

一人役　いちにんやく
一人一日分の仕事量に相当する課益。ノルマ。

一人両判　いちにんりょうはん
江戸時代、質置主が質屋に行き、自分の判と請人《うけにん》（保証人）の判をひとりで捺《お》すこと。禁じられていた。

一年神主　いちねんかんぬし
職業神主ではなく、氏子《うじこ》中から選ばれて交替で一年間神事にあずかる司祭者。頭屋《とうや》神主。

一年志願兵　いちねんしがんへい
徴兵令《ちょうへいれい》にもとづいて兵役《へいえき》に服した者で、中等学校卒業又は陸軍の特定の試験に合格して予備《よび》・後《こう》備《び》の将校となることを志願した兵。一年志願兵。

一家　いちのいえ
摂関家。一《いち》の人《ひと》の家の意。

一大臣　いちのおとど
左大臣。一上《いちのかみ》*に同じ。

一上　いちのかみ
左大臣のこと。「一上卿《いちのしょうけい》」*の略かという。

一城戸　いちのきど
城の最も外側にある門。城戸は「木戸」で柵《さく》に作った門のこと。

一杭　いちのくい
杭は牛馬をつなぐ場所。牛馬市で最も上手《かみて》にある場所。新しく市を立てたとき、最初にやって来た商人にその場が与えられる。

一国　いちのくに
第一の、最高の国。除目《じもく》（官人を任命する儀式）で一の国を与えられたといえば、豊かな国、熟国《じゅくこく》の意。

一黒　いちのくろ
鉄砲の的《まと》の中心の黒い部分。

一座　いちのざ
いちばん上席。上手《かみて》の座。

一字銭　いちのじせん
江戸時代、宝永通宝《ほうえいつうほう》のうち、裏に「一」の字のあるもの。

一史　いちのし
太政官の左大史《さだいし》の別称。「史」は書記官。

一上卿　いちのしょうけい
上卿は、宮廷の個別の儀式・行事をとりしきる官人。中納言以上の者が当たる。一上卿は一上《いちのかみ》ともいい左大臣を指す。左大臣はまた一大臣《いちのおとど》＊ともいう。官職の呼称は幾種もあり、左大臣は唐名では、左丞相《さじょうしょう》・左僕射《さぼくや》・左相府《さしょうふ》・左相国《さしょうごく》とよばれ、また天平宝字二年（七五八）藤原仲麻呂政権下では大傅《たいふ》とよばれた。

一対　いちのたい
寝殿造《しんでんづくり》の正殿である寝殿の左右、あるいはうしろに建てられた別棟の建物。「東の対《たい》」「西の対」「北の対」と称する。通常は、寝殿と廊で結ばれている。

一大納言　いちのだいなごん
首席の大納言。「養老令」による大納言の定員は四人であるが、慶雲二年（七〇五）二人に減員された。ふさわしい人がなければ無理には埋めず一人の場合もあった。しかし、一〇世紀半ばから、正《しょう》員《いん》の大納言二人と権大納言《ごんのだいなごん》二人が常置されるようになり、やがて六、七人から一〇人にもおよぶようになった。

一棚　いちのたな

棚《たな》は店で、商品を並べる構《かま》え。市場で最も上手《うわて》の、良い場所の販売座席。新市を開設するとき、いちばんはじめに市にやってきた商人に、一の棚で商売することが認められる慣習があった。

一谷　いちのたに

神戸市の地名。寿永三年（一一八四）源範頼・同義経が、平家の軍を破った古戦場。鉄拐山《てつかいさん》の北の鵯越《ひよどりごえ》を下り、義経軍が奇襲をかけ、平家を屋島に敗走させた。

一長者　いちのちょうじゃ

一阿闍梨《いちのあじゃり》。東寺《とうじ》の長者。

一所　いちのところ

「一人《いちのひと》」と同じ。

一富　いちのとみ

富くじ（富突《とみつき》）で、第一番の当たりくじ。一番富《とみ》ともいう。

一寅　いちのとら

一月最初の寅の日。初寅《はつとら》。毘沙門天《びしゃもんてん》に参詣すると福徳を授かる。毘沙門は北方を守り、仏法を守護する善神。

一酉　いちのとり

十一月最初の酉の日。鷲《おおとり》（大鳥）神社に酉の市が立ち熊手を売る。この祭礼は江戸郊外にはじまったが、のちには浅草の鷲神社の祭りが有名になった。他の寺社でも、鷲神社を勧請《かんじょう》して行うようになった。歳末の風物詩。

一鳥居　いちのとりい

神社の参道の最も手前にある鳥居。鳥居はもとは神に供えた鶏《にわとり》のとまり木という。

一内侍《いちのないし》
後宮の役所である内侍司《ないじし》の女宮掌侍《しょうじ》（定員四人）の中の第一位の者。勾当《こうとう》の内侍ともいう。

一人《いちのひと》
左大臣・太政大臣・摂政・関白。とくに摂政関白をいう。

一筆《いちのふで》
①筆頭。②戦いで一番首を取ったことを首帳に記すこと。一番手柄。

一丸《いちのまる》
城の中心部。本丸《ほんまる》。「丸」は城の構成部分をいう。二の丸、三の丸。本丸の内部が「丸の内」である。

一宮《いちのみや》
神社の社格のひとつ。国内の神社のうち、由緒のふかい、信仰のあつい神社の序列が生じ、その首位にある神社をいう。大和国の一宮は大神《おおみわ》神社、相模国は寒川《さむかわ》神社、武蔵国は氷川《ひかわ》神社、信濃国は諏訪《すわ》神社、安芸国は厳島《いつくしま》神社など。

一宮流《いちのみやりゅう》
甲斐国の一宮左太夫照信のはじめた居合術《いあいじゅつ》の一派。

一者《いちのもの》
①すぐれた者。②気に入っている者。③楽所《がくしょ》の勾《こう》当《とう》のこと。いまの宮内庁楽部《がくぶ》の楽長。

一矢《いちのや》
合戦で、最初に放つ矢。↓二の矢。

一倍《いちばい》
1×1=1ではなく、二倍のこと。二倍にして弁償するとき「一倍を以て返弁す」などという。

一番碇《いちばんいかり》
和船に積んだ碇のうち最も重いもの。

一番打起《いちばんうちおこし》
立春の頃、その年はじめて田を耕すこと。

一番乗《いちばんのり》
戦場で、第一番に敵陣、敵城に攻め込むこと。

一番槍《いちばんやり》
戦場で槍をふるって一番に敵地に攻め入ること、またその人。功名手柄《こうみょうてがら》となる。

一　分《いちぶ》
①古代に、諸国の公廨《くがい》（官人の俸給）を配分するとき、史生《ししょう》、国博士、国医師に割り当てられる率のこと。たとえば、長官《かみ》六分、次官《すけ》四分、判官《じょう》三分、主典《さかん》二分、史生《しじょう》一分で、定員各一員とすると、$6\times1+4\times1+3\times1+2\times1+1\times1=16$で、史生の配分額は、［公廨］$\times\frac{1}{16}=$□となる。②史生の別称。

一歩刈《いちぶがり》
江戸時代の検見《けみ》の一方法。上・中・下の三等級の田地を選び、一坪《ひとつぼ》の稲を刈り、その収量をしらべ、それを標準にして全収穫を推定する。

一分銀《いちぶぎん》
天保八年（一八三七）に発行された小額銀貨。一分銀四枚で小判一枚に相当した。

一分地頭《いちぶじとう》
分割された地頭職《じとうしき》の一部分をもつ地頭のこと。地頭の得分権が分割され、半分地頭職、三分の一地頭職などとよばれた。鎌倉時代後期以降の現象。

一分除目《いちぶじもく》
「一分召《いちぶめし》」とも。平安時代、式部省が諸国の史生《しじょう》・国博士《くにのはかせ》・国医師《くにのいし》など一分官《いちぶかん》を任命する除目をいう。

一分代《いちぶだい》
一分官＝史生のかわりに内舎人《うどねり》・助《すけ》・允《じょう》・属《さかん》のうち一人を任ずること。

一部平家《いちぶへいけ》
琵琶法師《びわほうし》が「平家物語」一部一二巻を通して語ること。

一分召 いちぶめし
一分官の任官除目《じもく》こと。式部省又は式部卿の私邸で行われた。平安中期以降廃絶した。

一分 いちぶん
一身の面目、責任。「一分が廃《すた》る」「一分が立つ」などと用いる。

一弁 いちべん
一回で債務《さいむ》を償《つぐな》うこと。「一弁を以て返進す」などという。

一木造 いちぼくづくり
一本の木から彫《ほ》り出された彫刻のこと。新薬師寺の薬師如来像（平安初期）が完全一木の最大像。一木造は奈良時代後期から平安時代初期が最盛期。

一枚絵 いちまいえ
一枚摺《ずり》ともいう。一枚の鑑賞用版画のこと。

一枚看板 いちまいかんばん
大勢の中の中心となる人物。もとは歌舞伎でおもな役者の名を一枚の看板に書いたので。

一枚起請文 いちまいきしょうもん
一枚消息《しょうそく》ともいい、法然が念仏往生《ねんぶつおうじょう》の意義を一紙に記したもの。建暦二年（一二一二）門弟の源智に与えた。

一味神水 いちみじんすい
人びとが一致団結（一揆）し、集団を結成するときの儀式・作法《さほう》。神前で起請文《きしょうもん》、誓約書をつくり全員が署名し、神に供えた水（神水）を飲む。また、起請文を焼いて灰とし、これを水にまぜて飲んだ。

一味同心 いちみどうしん
同じ目的のもとに力を合わせ、心をひとつにする。

一味徒党　いちみととう
同じ目的のために仲間になること。元禄年間、播州赤穂《あこう》の浪人たちは、旧主浅野長矩の仇を討つため一味徒党したのである。↓四十七士。

一名字　いちみょうじ
名字を同じくすることで、一家、一族。

一夢流　いちむりゅう
①熊谷一夢にはじまる弓術の一流。②入江一夢にはじまる剣術の一流。③稲富《いなどめ》一夢にはじまる砲術の一流。

一毛作　いちもうさく
一年に一回だけ農作物をつくること、またその田畑をいう。主として、寒冷地で米だけをつくること。二毛作の普及は江戸時代に入ってからと思われる。

一目連　いちもくれん
江戸時代、その霊力を恐れられていた神。強い光を発したり、激しい風雨をもたらす。転じて、つむじ風、突風のこと、家の倒壊現象をさす。

一門　いちもん
①親族関係にある人びとの総称。「平家の一門」などという。②宗教・学問・芸道など流派を同じくする人びとのこと。

一文商　いちもんあきない
一文ずつの商売で、きわめて零細《れいさい》な商売。

一文菓子　いちもんがし
一個一文の安菓子。下等の駄菓子《だがし》。

一文字笠　いちもんじがさ
編笠《あみがさ》の一種。菅又は竹の子の皮でつくる。頂《いただき》が一の字のように平らになっている。武家の旅行用、また庶民も用いた。

一文字派　いちもんじは
一三世紀のはじめ、後鳥羽上皇の御番鍛冶則宗を祖とする刀工の一派。南北朝期にかけて備前国に広まった福岡一文字派と鎌倉中期、相模国に定着した鎌倉一文字派がある。

一文不通 いちもんふつう
「一文不知《いちもんふち》」とも。一字も知らず読み書きのできないこと。無学なこと。

一匁棹 いちもんめざお
江戸時代、一棹の値いが銀一匁の羊羹《ようかん》。銀一匁は小判一両の約六〇分の一の価値。

一夜官女 いちやかんにょ
祭礼に奉仕する処女。大阪住吉神社の祭礼に、一二、三歳の少女が官女風に装い奉仕することがあった。

一夜検校 いちやけんぎょう
江戸時代、金千両を納めて検校の位を授けられた者(盲人)。また、にわか成金《なりきん》のこと。

一夜正月 いちやしょうがつ
旧暦二月一日。厄年《やくどし》の人が、いまいちど年取りして厄を免れるため、二月一日を正月にみなして祝うならわし。

一夜妻 いちやづま
「ひとよづま」とも。遊女をいう。↓ひとよづま

一揖 いちゆう
軽く会釈《えしゃく》する、ちょっとおじぎをすること。

一葉 いちよう
①一枚の葉。②一艘《そう》の舟。③紙一枚。

一陽 いちよう
春が来る。正月が来る、また、運がむいてくる。一陽来復。

一里一銭 いちりいっせん
戦国時代、武田氏や後北条氏領国で行われていた伝馬駄賃の基準。駄賃を口付銭といった。

一里塚 いちりづか
街道の一里(＝三六町、約三・九三キロメートル)ごとに立てた里程標《りていひょう》。土を盛り、その上に木を植

えた。ふつう、エノキを植えた。

一　領　いちりょう

衣服、具足《ぐそく》、鎧《よろい》などのひとそろいをいう。

一領一疋　いちりょういっぴき

甲冑《かっちゅう》一領と馬一疋を用意し有事に備える在郷武士。肥後国細川藩の郷士《ごうし》の別称。

一領具足　いちりょうぐそく

戦国時代、土佐の長宗我部《ちょうそかべ》氏の下級在郷家臣で、少数の被官《ひかん》や下人《げにん》を用いて手作《てづくり》経営を行う農民でありながら軍役をつとめた。

一臈別当　いちろうべっとう

天皇家の家政機関である、蔵人所《くろうどどころ》、武者所《むしゃどころ》などの最上席の職員。「臈」とは年功のこと。

一六銀行　いちろくぎんこう

一プラス六で「七」すなわち「質」、質屋のことをいう。

一六商売　いちろくしょうばい

米相場、小豆相場などの投機的な商売。サイコロばくちから出た言葉。

一六勝負　いちろくしょうぶ

サイコロの目の一が出るか六が出るかを賭《か》けて勝負をきめるばくち。

一　家　いっか（いっけ）

一族・一類・一門とも。古代末期・中世の血縁組織をいう。

一家言　いっかげん

独自の主張、意見、見識。

一火流　いっかりゅう

筑前国の泊兵部少輔《とまりひょうぶしょうゆう》にはじまる砲術の一派。

一　揆　いっき

揆は、はかりごと、道の意。揆を一にする。一四世紀頃から、一致団結する意に用いられ、国人《こくじん》の地域的結合である国人一揆を指すようになる。一五世紀に入ると土民の一揆（土一揆《つちいっき》）が頻発《ひんぱつ》する。一向《いっこう》一揆・国《くに》一揆・荘家《しょうけ》の一揆・土《つち》一揆・徳政《とくせい》一揆・馬借《ばしゃく》一揆など。

一己《いっき》

自分ひとり、独力の意。

一季《いっき》

①春夏秋冬の一季。②一年。江戸時代の奉公人の契約期間が一年であったので。

一紀《いっき》

一二年。歳星（＝木星）が天を一周する周期とすることから。

一紀一班《いっきいっぱん》

一紀一行ともいう。一紀は一二年。古代の班田収授制で、口分田《くぶんでん》の収授を一二年に一回行うこと。通常は六年一班。

一騎打《いっきうち》

①敵・味方一騎ずつで戦うこと。「打」は戦うの意。一対一の勝負。②馬に乗って、一騎ずつ一列になって進むこと。

一騎駆《いっきがけ》

武士が一騎だけで敵中に突入すること。単独行動をする。

一季作《いっきさく》

一毛作《いちもうさく》と同じ。

一季居《いっきすわり》

一季奉公と同じ。

一騎当千《いっきとうぜん》

一人当千*と同義。一騎当千の語は一四世紀以後に用いられるようになったらしい。

一季奉公《いっきほうこう》

江戸時代、出替《でが》わり季から翌年の出替わり季まで一年間雇用《こよう》されること、またその人。出替わり期は、はじめ二月二日であったが、寛文九年（一六六九）以後は三月五日となる。

一季者《いっきもの》
一季奉公人。

一級河川《いっきゅうかせん》
国土保全、国民経済上重要なものとして政令で指定された一級水系にかかわる河川。昭和三十九年（一九六四）の河川法で規定された。一級水系は一〇九あり、一級河川は一万をこえる。これらは建設省が管理し、二級河川＊は都道府県知事が管理する。他に市町村長の指定する准用河川があり、それらいずれにも属さないものを普通河川と称する。

一口《いっく》
①一人。一疋。①一人分の給与。③器物・農具・武器などひとつ。

一家衆《いっけしゅう》
真宗の一門一家の人びとをよぶ。

一結《いっけつ》
ひとつなぎにした銭《ぜに》一千文。銭一貫文。

一間《いっけん》
尺貫法で六尺（約一八〇センチメートル）の長さ。

一県一行主義《いっけんいっこうしゅぎ》
第二次大戦中に行われた地方銀行合同、合併政策。

一見状《いっけんじょう》
軍忠状《ぐんちゅうじょう》（自己の戦功を記した報告書）や着到状《ちゃくとうじょう》（大将の召集に応じて到着した旨を記した申告書）に、大将又は奉公人がその内容を承認した証拠として、文書の奥や袖《そで》に「一見了《いっけんしおわんぬ》」「承了《うけたまわりおわんぬ》」と記し花押《かおう》を加えた文書。

一間店《いっけんだな》
間口一間《いっけん》ほどの小さい家。裏長屋。

一間（軒）前《いっけんまえ》
江戸時代に、村落の構成単位となる家をいい、本《ほん》役家《やくや》、本百姓《ほんびゃくしょう》。村内に家・屋敷・田畑をもち、年貢・諸役を負担する。

一向一揆　いっこういっき
浄土真宗本願寺派の坊主・農民・商工業者・武士などの門徒《もんと》によって組織された一揆。文正元年（一四六六）から天正十年（一五八二）に至る一二〇年間、近畿・北陸・東海地方で蜂起し、守護大名・戦国大名勢力に戦いを挑んだ。

一　刻　いっこく
一時《ひととき》の四分の一。現在の約三〇分間。わずかな時間。

一国一城令　いっこくいちじょうれい
江戸幕府は元和《げんな》元年（一六一五）六月、諸大名に対して、分国中、居城以外の城郭《じょうかく》を破却するよう命じた。

一国検注　いっこくけんちゅう
一国単位で行われる検注。荘園整理令にもとづく国ごとの検注や国司初任のときの一国検注がある。

一国平均徳政　いっこくへいきんとくせい
室町時代に、幕府又は守護大名が一国単位で行った徳政。平均は、おしなべて、全体の意。

一国平均役　いっこくへいきんのやく
公領・荘園にかかわらず、公田段別に一律に賦課された国役。大嘗《だいじょう》会役《えやく》・造内裏役《ぞうだいりやく》・伊勢太神宮《いせだいじんぐう》役夫工米《やくぶたくまい》などが、国衙《こくが》・守護を通じて徴収された。

一　喉　いっこん
魚の数一尾。「いっこう」とも。

一斤染　いっこんぞめ
平安時代、紅花を干して花餅につくったもの一斤《いっきん》（六〇〇グラム）で絹一疋（二反）を染めたもの。

一献料　いっこんりょう
①鎌倉時代から、訴訟・裁判において、奉行人らを招いて酒肴（一献）をすすめることが行われた。饗応・賄賂《わいろ》である。②荘園領主が守護やその被

官、また幕府有力者に渡した一種の賄賂、礼金。荘園に賦課される守護役などを軽減してもらうための運動費。その費用は年貢から差引かれ、一種の必要経費と認められていた。

一切合切（財） いっさいがっさい

残らず、すべて。「一切」も「合切」も同義。

一切経 いっさいきょう

仏教の典籍を集成したもので、大蔵経《だいぞうきょう》ともいう。

一切処 いっさいしょ

至るところ。全体。

一作 いっさく

①同じ田畑に、一年に一回作物をつくること。一《いち》毛作《もうさく》。②江戸時代九州の福岡藩・秋月藩で、荒蕪地を開拓した田畑のことをいう。開墾に成功した田畑には三か年貢租を免除した。

一作引 いっさくびけ

江戸時代、風水害などで農作物に大きな被害があったとき、その年の年貢を免除されること。当《とう》引《びけ》ともいう。

一札 いっさつ

①一通の書状。②一通の証文、手形。「一札を入れる」といえば、約束やわび言《ごと》を記した書きつけを相手方に渡すこと。

一盞 いっさん

ひとつの「さかづき」のことで、軽い飲食をもいう。

一色 いっしき

一種類の課役のみ負うの意。ふつう古代・中世社会では、田地には年貢（官物《かんもつ》）と雑公事《ぞうくじ》が賦課されるが、そのうちいずれかひとつを免除される場合を一色という。雑公事免除の場合が多い。

一職 いっしき

遺領、遺産。一跡《いっせき》、跡職《あとしき》。

一職支配 いっしきしはい

土地に対する多種多様な権利（職《しき》）を一元的に掌

握すること。中世社会では、一枚の田地の上に、「作職《さくしき》―名主職《みょうしゅしき》―地頭職《じとうしき》―預所職《あずかっしょしき》―領家職《りょうけしき》」などの権利が重なりあっていた。これらの諸職をあわせもつこと。重職《ちょうしき》とも。

一色田 いっしきでん
古代・中世の荘園において、一種類（＝一色）の課役のみ負担する田地のこと。一般に、名田《みょうでん》などは、年貢（官物）と雑公事を負担するが、そのうちのいずれかを免除された場合（＝一色不輸《ふゆ》）、その田地を一色田と称した。

一色不輸田 いっしきふゆでん
一色田に同じ。

一色別納 いっしきべつのう
古代・中世の荘園において、年貢・公事《くじ》などの租税のうち一種だけを領主や国家に納入し、他は免除されること。一色田。

一色別符 いっしきべっぷ
官物《かんもつ》・雑公事《ぞうくじ》のうちいずれかを免除された別符、別納の地。

一色保 いっしきほ
官物・雑公事のうちいずれかを免除された国衙領内の特別地域。

一色名 いっしきみょう
官物・雑公事のうちいずれかを免除された名田《みょうでん》。

一子相伝 いっしそうでん
家に伝わる学術・芸能・技術を、何人かいる子どものうち、ただ一人に伝えること。その人一代だけで終わるものを一代相伝、父子代々伝えるものを父子《ふし》相伝と称した。

一視同仁 いっしどうじん
差別なく、すべての人を平等にみて一様に愛すること。福沢諭吉の『文明論之概略』に「一視同仁四海兄弟」とみえる。

一紙半銭《いっしはんせん》
わずかなもののたとえ。寺への寄進の額の少ないことをいう。

一　酌《いっしゃく》
酒一杯のことで、ちょっと酒をくみかわすこと。

一朱金《いっしゅきん》
文政七年（一八二四）に発行。重さ一・四一グラムの悪質の貨幣。一両の一六分の一。

一朱銀《いっしゅぎん》
文政十二年（一八二九）、嘉永七年（一八五四）に発行。一両の一六分の一。

一宿一飯《いっしゅくいっぱん》
一晩泊《と》めてもらい一度食事を振舞われることで、旅行中ちょっと世話になることをいう。博徒《ばくと》の間の仁義では大切な恩義とされた。

一升買《いっしょうがい》
米や酒を一升ずつ買うことで、貧しい生活のたとえ。

一升枡《いっしょうます》
容量一升の枡、木製箱型がふつうである。斗子《とし》ともいう。穀類や酒・油などをはかる。古代・中世には一升枡と称しても実容量は一定していなかった。実容量が統一されたのは江戸時代のこと。

一所懸命の地《いっしょけんめいのち》
武士が生活のすべてをそこにかける所領のこと。もとは本領である名字《みょうじ》の地を意味したが、のちには、新恩の地をも含めて、生活の基盤を指す語となった。

一所不住《いっしょふじゅう》
居所が一定しないこと。僧などが諸国を行脚《あんぎゃ》して一か所に定住しないことをいう。

一　旨（枝・志）流《いっしりゅう》
慶安頃（一六四八―五二）松本定好（号一指）にはじまる槍術の一派。

一身阿闍梨　いっしんあじゃり
皇族・摂政関白などの家の子息に一身にかぎって与えられた、天台・真言の灌頂《かんじょう》阿闍梨《あじゃり》号。

一身田　いっしんでん
①賜田《しでん》の一種。その人一代にかぎって賜わる田。②一身の間耕食を許された再開発荒廃田。三重県津市の、真宗高田派本山専修寺のある一身田は、これが地名として残ったもの。

一水会　いっすいかい
昭和十一年（一九三六）に組織された美術団体で、洋画部・陶芸部をもつ。田崎広助・中村琢二《たくじ》・硲《こだま》伊之助らが著名。

一種物　いっすもの
参会者が、酒・肴《さかな》一種をもち寄り開く宴会。またその肴。平安時代の貴族社会にはじまり、室町時代には、各人が金を出しあって開く宴会を指すようになった。

一寸の虫にも五分の魂　いっすんのむしにもごぶのたましい
いかに小さく弱い者でも、それ相当の思慮《しりょ》や根性《こんじょう》をもっており、あなどれぬもの。

一寸法師　いっすんぼうし
身の丈《たけ》一寸（三センチメートル）の小さな男が、鬼を却《しりぞ》けて高貴な姫を救い、打出《うちで》の小槌《こづち》を手に入れ、そのため丈も大きくなり富み栄えたという著名な昔話の主人公。「小さ子」伝説のひとつ。

一世一元　いっせいいちげん
天皇一代の間に一つの年号を用いること。明治元年（一八六八）九月の詔《みことのり》で定められた。

一跡　いっせき
遺領のこと。「跡職《あとしき》（式）」「跡目《あとめ》」とも。

一世源氏　いっせげんじ
源《みなもと》姓を天皇から賜《たま》わって臣籍に下った皇子。九世紀の嵯峨《さが》天皇の皇子源信《まこと》が最初。親王の子で源氏となれば二世源氏。

一銭切 いっせんぎり

斬罪処刑法《ざんざいしょけいほう》のひとつ。①一銭でも盗んだ者を斬刑に処すること。②切口が緡銭《さしせん》のそれに形状が似ているから。戦国時代―江戸時代初期の用例。天正十八年（一五九〇）四月、豊臣秀吉が出した掟書《おきてがき》に、「土民百姓に対し非分の儀申しかくる族《やから》これあらば、一銭切たるべし」とみえる。

一銭蒸汽 いっせんじょうき

東京隅田川を定期航行した小型客船。ポンポン蒸汽。明治十八年（一八八五）四月から吾妻橋―永代橋間を七区に分け、一区一銭の料金だった。

一銭剃 いっせんぞり

江戸初期、道端の仮屋で男の月代《さかやき》・ひげを剃《そ》り髪を結うことを職業とした者。料金が一人一銭（一文）だったので。

一銭茶屋 いっせんぢゃや

道端でお茶一服を一銭（一文）で飲ませた茶店。

一左右 いっそう

安否を知らせる一報。左右は、指図・便り・是非善悪の裁定のこと。

一束一巻 いっそくいっかん

杉原紙《すいばら》一束（＝一〇帖《じょう》）と末広《すえひろ》（＝扇《おうぎ》）一本で、武家時代の献上物。

一樽 いっそん

一本の酒樽《さかだる》、転じて酒を飲むこと。

一旦緩急 いったんかんきゅう

「一旦緩急あれば」で、いざという場合の意。「緩急」は「急」の意。明治二十三年（一八九〇）の「教育ニ関スル勅語」に「一旦緩急アレバ義勇公ニ奉ジ」とある。

一段頭 いったんとう

一段の一〇分の一、三六分《ぶ》の地積。平安時代から室町時代まで用いられた。

一地一作人　いっちいっさくにん

一筆の耕地に一人の作人（＝耕作権を保有する年貢納入責任者）を決めること。中世荘園制下では、「領主―預所―地頭―名主―作人」というように、土地に関する権利（＝職《しき》）が重畳していたが、一六世紀末の太閤検地《たいこうけんち》によってこれを整理し、中間搾取を排除し「領主―作人」というシンプルな秩序をつくろうとした。

一中派　いっちゅうは

元禄（一六八八―一七〇四）頃、信濃国の東海龍軒一中にはじまる槍術の一派。

一中節　いっちゅうぶし

浄瑠璃節の一派。一七世紀末、京都の都太夫一中がはじめたもの。江戸中期から末期にかけて江戸で栄え、この流派から、豊後節《ぶんごぶし》・常磐津《ときわず》・富本・清元・新内などが派生した。

一町在家　いっちょうざいけ

中世社会で、家・屋敷と附属する田地をあわせて収取の対象とされた在家を田在家《たざいけ》とよび、附属耕地が一町歩内外に均等化された在家を一町在家とよぶ。在家はおもに東国や九州地方など辺境でみられた収奪の単位。

一丁前　いっちょうまえ

一人前と同じ。

一張羅　いっちょうら

所持している衣服のうち、たった一着きりの上等のもの。晴れ着。たった一枚の着物のこと。羅はうすぎぬ。

一蝶流　いっちょうりゅう

元禄（一六八八―一七〇四）頃、英《はなぶさ》一蝶の流れをくむ画派。

一丁字　いっていじ

ひとつの文字。一字。「丁」字は「个《か》」字の篆書《てんしょ》を誤ったもの。「一丁字を知らず」といえば全く文字が読めない、無学なこと。

一天四海 いってんしかい

全世界。

一点鐘 いってんしょう

一点とは、水時計で、一時《ひととき》を四刻に分けた最初の刻点をいう。①一時間。②午前・午後の第一時。

一天君 いってんのきみ

一天は一天下。天下を治める君。天皇。

一天万乗 いってんばんじょう

「乗」は中国古代の戦車。一万台の戦車を出す直轄領を有する天子。「一天万乗の君」など。

一刀彫 いっとうぼり

一七世紀前半、奈良の春日若宮の田楽法師の笠に飾った人形に起源がある。木彫の荒彫《あらぼり》で、直截単純な面で構成される。民芸品としての奈良一刀彫が著名。

一到来 いっとうらい

一つの知らせ。一報、伝言。

一刀流 いっとうりゅう

近世初頭、伊藤一刀斎景久（一五六〇―一六五三）にはじまる剣道の流派。のちに小野派、梶・唯心・北辰・甲源一刀流などに分かれた。一刀斎は江戸で鐘捲自斎《かねまきじさい》に学び、技術と理論の一致を求め諸国で修行を続けて一刀流を創始した。

一統流 いっとうりゅう

近世初頭、尾張の奥田玄賢にはじまる兵学の一派。奥田は甲州流の小幡景憲《おばたかげのり》（一五七二―一六六三）の高弟であった。

一時 いっとき

昔の時間区分で、一日の一二分の一。現在の二時間に当たる。

一斗枡 いっとます

容量一斗＝一〇升の枡。箱型のものがふつうであるが、円筒型の枡もあった。なお、一升はすなわち一〇分の一斗ということから、一升枡を斗子《とし》ともいう。

一　拝　いっぱい

一度敬礼をする。

一拝再致　いっぱいさいち

平安時代の老人の礼のしかた。まず立って礼し、つぎに坐って礼をする。

一　拍　いっぱく

音楽で、拍子《ひょうし》記号で指定された、ひとうちの長さ。

一　半　いっぱん

半分。なかば。「責任の一半は私にある」など。

一　班　いっぱん

律令制下、班田収授制で六年に一度口分田《くぶんでん》を人民に班《わか》つ。その班年。

一半の利　いっぱんのり

江戸時代、元銀一貫目に対して月に一五匁《もんめ》の利息。年利一八パーセントに当たる。

一　疋（匹）　いっぴき

①布類の二反。時代により異なるが、四丈（約一二メートル）、五丈二尺（約一五・六メートル）、五丈六尺（一六・八メートル）など。②畜類の一頭。③銭一〇文のこと。

一　筆　いっぴつ

①始めから終わりまで墨つぎをせずに書くこと。②同一人の筆蹟。③一通の書面。④一語、一句の文。⑤ひと区切りの田畑・宅地。「ひとふで」とも。

一　俵　いっぴょう

米などの俵《たわら》づめにしたもののひとつ。一俵の米の量は時代により、所により異なる。古代には五斗入と称するが、現量に換算すると約二斗。江戸時代は、三斗三升入、三斗七升入、四斗入、五斗入など。二〇世紀に入ってから、明治末年になり四斗《しと》俵《びょう》が標準となった。

一服一銭 いっぷくいっせん
室町―戦国期、抹茶《まっちゃ》一服を代価一銭で売ることの称。縁日《えんにち》などで担《にな》い茶道具で立売りするものや、寺社門前で小屋がけして商《あきな》うものがあった。東寺門前の一服一銭が名高い。

一夫多妻制 いっぷたさいせい
婚姻制度において、一人の男が複数の妻をもつこと。一夫多妻の慣習は江戸時代まで続いた。

一放流 いっぽうりゅう
江戸初期、加賀の富田一放にはじまる剣術の流派。

一歩後退二歩前進 いっぽこうたいにほぜんしん
昭和二十二年（一九四七）二月一日に予定された史上最大のストライキ（二・一スト*）が、アメリカ占領軍の命令で中止させられたとき、ストを指導した伊井弥四郎がラジオ放送で「一歩後退二歩前進、労働者農民ばんざい」といったのは有名。

一品 いっぽん
親王の位階の第一位。一品から四品《しほん》まで。

一本刀 いっぽんがたな
侠客《きょうかく》の異称。長脇差を一本腰にさしている。武士は大小二本差し。長谷川伸の有名な戯曲に『一本刀土俵入』（一九三一年）がある。

一本御書所 いっぽんごしょどころ
一本書は貴重書・稀覯《きこう》書のこと。一本書を書写する機関で、平安時代、内裏《だいり》の建春門の外、侍従所の南に置かれた。職員に、別当・預・書手がいた。

一本銭 いっぽんぜに
四文銭を百箇つないだもの。四百文。

一本鞴 いっぽんだたら
奈良・和歌山の県境に住むという妖怪。一本足で目が血のようだという。製鉄の〝たたら〟にまつわる神の零落した姿。

一本百姓　いっぽんびゃくしょう

江戸時代、一人で一村全部を名請《なうけ》し、年貢免状も一人に宛てられた百姓で、一人《いちにん》百姓とか一本免状ともいう。

一品流　いっぽんりゅう

三島流から分かれた瀬戸内水軍の流派。

一当　ひとあて

①馬に一度鞭《むち》を当てること。②敵に勝負をいどむこと。

単　ひとえ

裏をつけない衣服の総称。「一重」とも。一重小袖、一重袴など。

一掛け　ひとかけ

江戸時代、上方で二〇貫目の薪《たきぎ》一束のこと。

一襲　ひとかさね

装束《しょうぞく》など、ひとそろい。「一重」とも。

一廉　ひとかど

「一角」とも。①ひとつの事柄、方面、分野。②ひときわ目立つ、すぐれる。「努力して、一廉の人物になる」など。

一季奉公　ひときぼうこう

江戸時代、一年間雇用《こよう》されること、またその人。

↓いっきほうこう

一行　ひとくだり

↓いちぎょう

一支　ひとささえ

少しの間、敵をくいとめること。

一締　ひとしめ

和紙二〇〇〇枚。一締＝一〇束《そく》＝一〇〇帖《じょう》。

一書　ひとつがき

箇条書きの冒頭に「一つ……」と「一」の字を記して書き分けること、またその文書。

一つ鉦　ひとつかね
歌舞伎囃子《かぶきばやし》に用いる打楽器。皿状の伏鉦《ふせがね》。淋《さび》しい場面や墓場、殺しの場面で、撞木《しゅもく》で打つ。

一目小僧　ひとつめこぞう
目がひとつの妖怪。山神であり、季節によって、山から里に降りて田の神となる。

一つ物　ひとつもの
神社の祭礼に、紛装をこらして神霊をかたどり馬に乗って神幸に加わる童子。造りものの人形《にんぎょう》の場合もある。

一手矢　ひとてや
一対《いっつい》（二本）の矢のこと。

一時（刻）　ひととき
①しばらくの間。②↓いっとき

一幅　ひとの
布帛の幅《はば》・鯨尺八寸（約三〇センチメートル）〜一尺（約三六センチメートル）のはば。

一間　ひとま
①寝殿造で、柱と柱の間ひとつをいう。②たて・よこ一間《ま》の小さい室のこと。

一文字　ひともじ
女房詞で、ねぎのこと。もと、ねぎは「ね」と一音でよんだ。

一矢　ひとや
一本の矢、転じて、ひといくさ、合戦。

一世　ひとよ
人の一生。

一節切　ひとよぎり
長さ一尺一寸一分（約三四センチ）の短かい竹製の笛。尺八の一種。節《ふし》をひとつ含むので名がある。

一夜夫（妻）　ひとよづま
①一晩だけ関係を結んだ相手の男（女）。②遊女のこと。

一人武者《ひとりむしゃ》
他にくらべる者もない、すぐれて強い武者。

第一次共産党事件《だいいちじきょうさんとうじけん》
大正十二年（一九二三）六月五日の日本共産党に対する最初の弾圧事件。共産党は前年に結成された。警察のスパイによって関係書類が警察の手に渡り、「治安警察法」第二十八条により、堺利彦《さかいとしひこ》・荒畑寒村《あらはたかんそん》・山川均《やまかわひとし》・野坂参三《のさかさんぞう》・徳田球一《とくだきゅういち》ら多数が逮捕された。

第一次世界大戦《だいいちじせかいたいせん》
大正三年（一九一四）七月二十八日、オーストリアのセルビアに対する宣戦布告にはじまり同七年十一月十一日のドイツの降伏に終わった戦争。欧州大戦ともいう。日本は日英同盟を理由に連合国側に加わり、おもに中国青島、また南洋群島のドイツ領で戦い占領した。

第一次長州征伐《だいいちじちょうしゅうせいばつ》
元治《げんじ》元年（一八六四）の江戸幕府による長州藩への制裁。同年七月の禁門《きんもん》の変のあと征討が決定され、十一月には一五万を超える軍兵が長州藩境を包囲した。長州藩は三人の老臣の首級を提出して謝罪恭順した。

第一回衆議院議員総選挙《だいいっかいしゅうぎいんぎいんそうせんきょ》
大日本帝国憲法のもと最初に行われた帝国議会の衆議院議員の総選挙。明治二十三年（一八九〇）七月一日に実施された。小選挙区・記名投票方式で、直接国税一五円以上を納める満二五歳以上の男子（被選挙権は満三〇歳以上の男子）に選挙権が認められた。これは全人口の一・一四パーセント、成年男子の約四パーセントにすぎなかった。

第一回普通選挙《だいいっかいふつうせんきょ》
昭和三年（一九二八）二月二十日に行われた第一六回衆議院議員総選挙のこと。大正十四年（一九二五）に成立した改正選挙法（普通選挙法）にもとづく最初の選挙。

天下一　てんかいち

この世で最もすぐれている、くらべるものがない、日本一、三国一など。織田信長や豊臣秀吉が、すぐれた技術をもつ職人に許した名誉の称号。

【一・八】

一寸八分　いっすんはちぶ

その背丈《せたけ》が一寸八分（約六センチメートル）であるところから、東京浅草観音の本尊《ほんぞん》のこと、また浅草寺《せんそうじ》をいう。

【二】

二上がり　にあがり

三味線《しゃみせん》で、本調子より二の糸が一音高いもの。また、その曲をいう。

二・一スト　にいちすと

昭和二十二年（一九四七）二月一日に予定されていた労働者六〇〇万人参加のゼネラル・ストライキ。「革命寸前」を想わせる大ストライキであったが、決行直前に出た占領軍の命令で中止になった。→一歩後退二歩前進

二院制　にいんせい

二院より成る議会の構成。①旧大日本帝国憲法時代の貴族院と衆議院。②日本国憲法下の衆議院と参議院のような構成。アメリカ合衆国では上院と下院。

二王　におう

仁王とも書く。密迹《みっしゃく》・那羅延《ならえん》の二金剛力士。寺院の門（仁王門）に安置される。口を大きく開ける阿形像《あぎょうぞう》と、口を閉じた吽形像《うんぎょうぞう》の一対《いっつい》。

二王派　におうは

鎌倉末期に興った周防国の刀工団。清綱を祖とし、「清」を通字とする。

二恩　におん

①父母の恩。②師と親の恩。

二階笠　にかいがさ

市女笠《いちめがさ》を二つ重ねた模様の紋所。柳生家の家紋として知られる。

二科会　にかかい

大正三年（一九一四）文展《ぶんてん》から分かれて結成された在野の美術団体。印象派を制作の基盤とした。現在は絵画・彫刻・写真・商業美術の四部門より成る。毎年一回の展覧会がある。

二月騒動 にがつそうどう

文永九年（一二七二）二月、鎌倉幕府の執権北条時宗が謀反の企てありとして庶兄時輔（六波羅探題南方）と名越時章らを討った事件。これにより時宗政権は安定した。

二月堂 にがつどう

東大寺二月堂。東大寺大仏殿の東側にある。陰暦二月に修二会《しゅにえ》を行うので、こうよばれる。良弁の弟子実忠の創始にかかるが、現存の建物は寛文九年（一六六九）の再建。本尊十一面観音。

二　官 にかん

律令制の神祇官《じんぎかん》と太政官《だいじょうかん》。

二　気 にき

陰と陽の二つの氣。二儀。両儀。

二　儀 にぎ

陰と陽。天と地。

二期会 にきかい

昭和二十七年（一九五二）に発足した声楽・歌劇の団体。柴田睦陸《むつみ》・中山悌一《ていいち》・三宅春恵・川崎静子らを中心に東京音楽学校（現在の東京芸術大学音楽学部）卒業生を糾合した。

二期作 にきさく

同一の耕地で、一年に二回同じ作物（稲など）を栽培し収穫する。

二季の儀 にきのぎ

六月と十二月の晦日《みそか》に宮廷で行われる大祓《おおはらえ》の儀式。

二級河川 にきゅうかせん

政令で指定された一級河川以外の水系で、公共の利害に関係あるものの、都道府県知事が指定した河川。↓一級河川

二　虚 にきょ

銀と銭。米と絹を二実というのに対する。

二　教　にきょう
①老子の教えと仏教。②顕教と密教。

二　業　にぎょう
芸者屋と料理屋。↓三業

二　極　にきょく
①南極と北極。②忠と孝。君と親。

二　局　にきょく
①律令制太政官の書記局。官務（左大史《さだいし》）と局務（外記《げき》）。②警視庁のこと。明治時代、警視庁第二局が捜査を担当していたことから、二局といえば警視庁のことを指すようになった。

二曲三体　にきょくさんたい
能の基本演技。舞《まい》と謡《うたい》（二曲）、老体・女体・軍体（三体）をいう。

二　宮　にぐう
①中宮と東宮。②伊勢の内宮と外宮。

二宮大饗　にぐうのだいきょう
元日の朝賀、元日節会に準じて正月二日に催される、東宮（皇太子）・皇后の拝賀と賜宴。九世紀前半にはじまる。食事と舞楽と賜禄が行われる。

二　軍　にぐん
スポーツで、一軍の正選手に対して、その予備選手のチームのこと。

二絃琴　にげんきん
絃を二本張った琴《こと》。一九世紀前半にはじまる。大正琴はこの系統の楽器。

二間店　にけんみせ
間口二間（＝約三・六メートル）の店。商家として最も小規模なもの。

二　五　にご
陰陽と五行《ごぎょう》。↓五行

二　合　にごう
二官を合わせて一官とする意。平安時代、年給制によって年官として給される目《さかん》（二分官）一人と史生《しじょう》（一分官）一人のかわりに掾《じょう》（三分官）一人の任命を申請すること。年官を与えられた者（給主）は、実際に官についた者から任料をとった。

二合精代 にごうせいだい
古代の年料租舂米《ねんりょうそしょうまい》の舂賃《つきちん》のこと。①一石の米を舂《つ》いて精代二合、②粗悪米一石を舂いて八斗とする、の二説がある。

二合体 にごうたい
花押《かおう》の類型のひとつ。たとえば、源頼朝の花押は、頼の扁《へん》「束」と朝の旁《つくり》「月」の二字を合わせたもの。

二合半 にごうはん
①三尺四方の広さの田。二合半は一升の四分の一、一歩《ぶ》の四分の一で三尺四方。②江戸時代、下級奉公人のこと。一日五合の扶持米を朝夕二度に食べるので、小禄の武士や、身分の低い者を卑しめていう。

二　至 にし
二四節気のうち夏至《げし》と冬至《とうじ》。夏至は新暦の六月二十二日、冬至は十二月二十二日頃。

二　字 にじ
実名、名のり。漢字二字を用いることが多いので。

二字口 にじぐち
相撲の土俵の東西の上り口。徳俵《とくだわら》と平行に「二」の字形に俵を埋《う》めてある。

二字名 にじな
一種の雅号《がごう》で、和歌・連歌の懐紙《かいし》・短冊《たんざく》などに実名のかわりに用いる二字の名。たとえば、後陽成天皇は「雅輔」、孝明天皇は「此華」を用いた。

二字札 にじふだ
①二字が記してある禁止の高札《こうさつ》など。②「下馬」「下乗」の二字を記した札。

二尺差　にしゃくざし
鯨尺二尺（約七六センチメートル）の物差《ものさし》。長い呉服をはかるのに用いた。

二　儒　にじゅ
孟子《もうし》と荀子《じゅんし》の二人。

二重成　にじゅうなし
二重に年貢を納めること。

二　乗　にじょう
仏教で、大乗と小乗。

二条河原落書　にじょうがわらのらくしょ
建武元年（一三三四）八月、京都二条河原に立てられた落書。八八行《ぎょう》より成る。今様の物尽くし歌によりながら、七五調の歌謡形式をとり、建武新政府の政治を批判し、混乱した社会のあり方を風刺した。『日本思想大系22』所収。

二条蔵奉行　にじょうくらぶぎょう
江戸時代、京都二条城内の倉庫を管理した職。

二条在番　にじょうざいばん
江戸時代、京都二条城に交替で守衛に当たった役。

二条城　にじょうじょう
京都二条町にある平城《ひらじろ》。徳川家康によって築かれた。慶長八年（一六〇三）完成。公式の間の儀典の場となる。

二条定番　にじょうじょうばん
江戸時代、京都所司代配下にあって二条城の城門を守る役。

二条高倉内裏　にじょうたかくらだいり
鎌倉時代後半、亀山・後宇多・伏見・後二条天皇の皇居となった邸宅。二条南高倉西の方一町を占めた。この地には、平安時代中期、藤原教通邸があった。

二条流　にじょうりゅう
二条家を中心とする和歌の流派。二条派ともいう。二条家は中世に歌道を伝えた家柄。御子《みこ》左《ひだり》家の嫡流。京極家や冷泉家に対抗し、つねに歌道の主流を占めた。

二所太神宮　にしょだいじんぐう
伊勢の皇太神宮（内宮《ないくう》）と豊受《とゆけ》太神宮（外宮《げくう》）の両所。

二所詣　にしょもうで
伊豆権現《ごんげん》と箱根権現の二所権現に参詣すること。とくに鎌倉時代、将軍の参詣をいう。

二　世　にせ
①仏教用語で、現世と来世。②夫婦の契《ちぎ》り、また夫婦のこと。

二　才　にせ
①九州地方で青年、若者のこと。②下男《げなん》のこと。③丁稚《でっち》、小僧のこと。

二　聖　にせい
①中国周の文王と武王。②中国で周公と孔子。③嵯峨天皇と空海。④柿本人麻呂と山部赤人。

二星会　にせいかい
七夕《たなばた》で、陰暦七月七日の称。二星は牽牛星《けんぎゅうせい》と織女星《しょくじょせい》。

二　宗　にそう
儒教と道教。

二　足　にそく
仏教で、福と智。

二束三文　にそくさんもん
金剛草履《ぞうり》（藺《い》・藁《わら》で作った丈夫な草履）が二束で三文の安値であったところから、捨て売りする値段のこと。まとめて投げ売りするときにいう。

二足のわらじ　にそくのわらじ
同一人が、両立しないような職業を兼ねること。とくに、江戸時代、ばくち打ちが十手持《じってもち》（捕吏）を兼ねる場合をいう。

二　尊　にそん
①浄土教で、阿弥陀仏《あみだぶつ》と釈迦仏《しゃかぶつ》。②脇侍《わきじ》の観音《かんのん》と

勢至《せいし》。③伊弉諾尊《いざなぎのみこと》と伊弉冉尊《いざなみのみこと》。

二　体　にたい

史書で、編年体と紀伝体。

二大政党　にだいせいとう

戦前のわが国の、立憲政友会と立憲民政党。アメリカの民主党と共和党、イギリスの保守党と労働党。

二代長者　にだいちょうじゃ

長者の二代め。わがままで世間知らずの者。

二段階革命論　にだんかいかくめいろん

社会主義達成のためには、まず市民革命（ブルジョア革命）ついで社会主義革命（プロレタリア革命）と、二段階を経る必要があるとする考え方。一九三〇年代、日本資本主義の性格規定をめぐる論争の中でも論じられた。

二進三進　にっちもさっちも

算盤《そろばん》の割算の九九の「二進一十《にしんいんじゅう》」「三進一十《さんしんいんじゅう》」から出た語。二を二で割るのと、三を三で割るのとが、それぞれ割り切れることから、計算のやりくりを指す。

二　典　にてん

内典《ないてん》（仏書）と外典《げてん》（仏教以外の典籍）。

二　天　にてん

四天王のうち、持国天《じこくてん》と多聞天《たもんてん》。帝釈天《たいしゃくてん》と梵天《ぼんてん》。

二天一流　にてんいちりゅう

宮本武蔵がはじめた剣術の流儀。二刀一流とも。

二点鐘　にてんしょう

艦船の時鐘の打ちかた。一時・五時・九時・一九時に打ちならした。

二天門　にてんもん

仁王門。また持国天・多聞天を安置した門。

二童子　にどうじ

不動明王《ふどうみょうおう》に侍する矜羯羅《こんがら》と制吒迦《せいたか》の二童子。

二・二六事件　ににろくじけん

昭和十一年（一九三六）二月二十六日早朝、皇道

派青年将校らが起こした武装蜂起。首相官邸・警視庁を襲い、内大臣、大蔵大臣、教育総監を殺害。一時、永田町一帯を占拠したが、戒厳令が出され、鎮圧された。

二人張 ににんばり

二人がかりで弦《つる》をかけるほどの強い弓。

二人引（曳） ににんびき

二人がかりで引く人力車。

二の矢 にのや

二度めに放つ矢。つぎにうつ手段。

二半場 にはんば

徳川家康から家綱に至る将軍四代の間に西丸留守居与力同心、本丸奥表坊主、女中様侍并書役、台所小間遣などに召抱えられた者の子孫。譜第と抱人の中間的存在であった。

二分金 にぶきん

二分判ともいう。文政元年（一八一八）にはじめて鋳造した。明治元年（一八六八）まで五回出されたが、当時の小判に比して品位が低かった。

二分代 にぶだい

古代の年給制度で、二分官のかわりに院宮の給などの年官として任命申請を認めた内舎人《うどねり》の職をいう。

二　仏 にぶつ

釈迦如来《しゃかにょらい》と弥勒菩薩《みろくぼさつ》。

二分積金 にぶつみきん

江戸時代、北海道で、市中囲米《かこいまい》（備蓄米）などの資金にあてるため場所請負人から運上金の二分を毎年徴収した。

二分官 にぶのかん

律令制で国司の四等官目《さかん》をいう。公廨稲《くげとう》（官人の給与）の配分率から名付けられた。

二圃制 にほせい

一年おきに、休閑と耕作とをくりかえす農地耕作法のひとつ。古代・中世に「片あらし」とよぶ耕法。

二本差　にほんざし
武士のこと。刀と脇差の二本を腰に差すので。

二枚目　にまいめ
芝居の番付で第二枚目に書かれる美男役の役者。そこで美男の称となる。

二　孟　にもう
孟夏《もうか》と孟冬《もうとう》。四月と十月。「二孟旬《にもうのしゅん》」といえば、四月一日と十月一日のこと。

二毛作　にもうさく
一年の間に同じ耕地を二度つかい別々の作物をつくる方法。田では春から秋に稲、秋から春に麦をつくるのが一般的。畠（畑）では、夏に大豆・紅《べに》花《ばな》、冬に麦をつくる。

二楽流　にらくりゅう
飛鳥井雅康《あすかいまさやす》（二楽軒、一四三六―一五〇九）にはじまる和様の書の一派。

二良史　にりょうし
中国の二人のすぐれた歴史家。『史記《しき》』の司馬遷《しばせん》（BC一四五―八六?）と『漢書《かんじょ》』の班固《はんこ》（三二―九二）。

二寮勘文　にりょうのかんもん
受領《ずりょう》功過《こうか》定《さだめ》を行う場に提出された主計寮・主税寮の功過勘文。延喜十五年（九一五）からはじまった。

二　藍　ふたあい
紅と藍との交染による赤味のある藍色で、平安時代の染色に多く用いられた。

二重織物　ふたえおりもの
文綾の上に縫取《ぬいと》り文様を加えた織物。

二季草　ふたきぐさ
藤の異名。

二季鳥　ふたきどり
雁《がん》の異名。

二子糸　ふたごいと
二本の糸をより合わせた糸。

二子織　ふたごおり
経《たていと》又は緯《よこいと》に二子糸を用いた平織《ひらおり》物。

二子船　ふたごぶね
二艘の船を並べて横木でつなぎ、一艘のようにした船。

二瓦　ふたつがわら
平安・鎌倉時代の大型ひらた船。刳船《くりぶね》形式の舳《へさき》・胴《どう》・艫《とも》の三つの船瓦《ふながわら》（船底から舷側《げんそく》までを兼ねた刳《くり》出しの船体部材）を接合したもの。

二斗　ふたつと
建築上の用語。肘《ひじ》木の上に、両端にだけ斗《ます》が載る組物。ふつうは三つの斗が載る。大仏様建築ではじめて使われた。

二文字　ふたつもじ
平仮名の「こ」の字。

二つ物　ふたつもの
江戸時代、大阪の蔵屋敷での払米の単位。米二俵で米一石の意に用いる。

二山　ふたつやま
二等分する、山分けする、折半する。

二形船　ふたなりぶね
二姿、二成とも書く。船の船首の形状で、上部が箱型、下部が一本水押《みよし》の船型。室町時代、瀬戸内で生まれた。

二柱　ふたはしら
①伊弉諾尊・伊弉冉尊の二神。②鳥居の二本の柱。

二枡　ふたます
大小二つの枡。買入れには大きな枡、売るときは小さい枡を用いて利益をあげること。

二棟廊　ふたむねろう
寝殿造で、幅二間で中央に柱列があり、一方を通路、一方を部屋とする廊。平安時代後半には、主人が来訪者と会うための出居《でい》として使ったり、行事の場として用いたりした。

二文字 ふたもじ
韮《にら》の女房言葉。

両　院 りょういん
→二院制。

両　界 りょうがい
密教の金剛界と胎蔵界。両部。

両　替 りょうがえ
もとは、金と銀、金銀と銭などを交換することで、それを業とするものを両替屋・両替商といった。江戸時代の両替は、貸付・預金、為替《かわせ》、手形の発行なども行い、今日の銀行業務に近い。

両　掛 りょうがけ
江戸時代、旅行用の行李《こうり》。棒の両端に挟箱《はさみばこ》や小型の葛籠《つづら》を吊《つ》るしたり、又は振分《ふりわ》けにして肩に負う。

両　切 りょうぎり
①折半すること。②両切煙草《りょうぎりたばこ》の略。

両国司 りょうこくし
二つの国の国司であるが、とくに鎌倉時代の武蔵守と相模守。鎌倉幕府の執権・連署は両国司に任ぜられる例。

両国橋 りょうごくばし
東京の中央区と墨田区を結ぶ隅田川にかかる橋。江戸時代万治三年（一六六〇）に架橋され、武蔵国と下総国を結ぶ意から名付けられた。

両執権 りょうしっけん
鎌倉幕府の執権と連署《れんしょ》。両執事《しつじ》。

両大師 りょうだいし
慈恵大師（良源、九一二—八五）と慈眼大師（天海、一五三六—一六四三）。ともに天台宗の僧。

両種物問屋 りょうたねものどいや
江戸時代、菜種《なたね》問屋と綿実《めんじつ》問屋。

両段再拝 りょうだんさいはい
最もていねいな礼拝のしかた。再拝を二度に分けて行う。計四拝。

両探題 りょうたんだい
鎌倉幕府の六波羅《ろくはら》探題の北方と南方。

両　朝 りょうちょう
二つの朝廷。南朝と北朝。両朝の対立は、九世紀はじめの平城上皇と嵯峨天皇の、京都と奈良の対立、一四世紀の、いわゆる南北朝の対立にみられる。

両　統 りょうとう
二つの皇統であるが、とくに南北朝期の大覚寺統《だいかくじとう》と持明院統《じみょういんとう》。前者は亀山天皇・後宇多天皇・後二条天皇・後醍醐天皇の皇統、後者は後深草天皇・伏見天皇・後伏見天皇・花園天皇・光厳天皇の皇統。両朝の対立は、一三九二年まで約六〇年間続いた。

両　班 りょうはん
①唐の文官と、武官。②禅院で、東班を知事といい、経営を担当し、西班を頭首《ちょうしゅ》と称して修学・修行を専らにした。

両番組 りょうばんぐみ
江戸幕府の職制。大番組と書院番組、書院番組と小姓組の両番。

両　部 りょうぶ
①密教で金剛界《こんごうかい》と胎蔵界《たいぞうかい》。②両部曼荼羅《まんだら》。金剛界曼荼羅と胎蔵界曼荼羅。③両部神道の略。

両墓制 りょうぼせい
一人の死者について、死体を埋《う》める墓と、その霊を祀《まつ》る詣《まい》り墓の二つをもつ墓制。

両様兼帯 りょうようけんたい
鎌倉時代、承久の乱（一二二一年）後、本補地頭

でありながら新補率法による得分をもあわせ取る者があった。幕府は両様兼帯、本新兼帯と称して禁止した。

第二次世界大戦 だいにじせかいたいせん

昭和二十年（一九四五）まで戦われた二度めの世界戦争。アジア・太平洋地域の戦争と、ヨーロッパ・北アフリカ・大西洋地域の戦争の複合戦争。満州事変（一九三一年）、日中戦争（一九三七年）をはじまりとするか、ドイツのポーランド侵攻（一九三九年）を以てはじまりとするか、見方によって異なる。

第二次長州征伐 だいにじちょうしゅうせいばつ

慶応元年（一八六五）の、幕府による長州藩制裁のための軍事動員。しかし幕府軍は長州軍に敗れ、撤兵せざるをえなかった。この失敗が幕府の崩壊を早めた。

【三】

三枝祭 さいぐさまつり

奈良率川《いさかわ》神社の六月十七日の祭礼。一本の茎に三枝の花をつけた山百合《ゆり》を本社の大神《おおみわ》神社に献ずる。ゆり祭ともいう。起源は古く、『養老令』や『延喜式』では陰暦四月の祭りとされている。平安中期に中絶し、明治時代に率川神社が大神神社の摂社となって復活した。

三　悪 さんあく

①仏教用語で、殺生《せっしょう》・盗み・淫欲《いんよく》の三つの罪。②現代政治上の三悪は、汚職《おしょく》、貧乏、暴力の三つ。

三悪道 さんあくどう

仏教で、餓鬼《がき》道・畜生《ちくしょう》道・地獄《じごく》道のこと。

三阿彌 さんあみ

室町時代、幕府同朋衆《どうぼうしゅう》のうち唐絵《からえ》にすぐれた能阿彌（一三九七―一四七一）・芸阿彌（一四三一―八五）・相阿彌（?—一五二五）の三人。

三・一運動 さんいちうんどう

大正八年（一九一九）三月一日から、朝鮮半島を中心に起こった朝鮮人民による民族独立・反植民地運動。参加者は二〇〇万人を超える大規模な闘争であった。万歳事件ともいう。

三・一五事件 さんいちごじけん

昭和三年（一九二八）三月十五日、田中義一内閣によって行われた共産党に対する治安維持法違反容疑の弾圧事件。検挙者一六五八人におよんだ。

三井戸 さんいど

大名物《おおめいぶつ》と称された井戸茶碗（高麗茶碗の一種）。喜左衛門井戸・加賀井戸・細川井戸。

三　院 さんいん

①平安時代、大学別曹《べっそう》としての勧学院《かんがくいん》（藤原氏）・奨学院《しょうがくいん》（在原氏）・学館院《がっかんいん》（橘氏）。②明治四年（一八七一）の官制による太政官の正院《せいいん》・左院《さいん》・右院《ういん》の三院。

三　衣 さんえ

僧が着る大衣《だいえ》、七条、五条の三種の袈裟《けさ》。またそれを着る僧のこと。

三　衛 さんえ

律令制における、兵衛府《ひょうえふ》・衛士府《えじふ》・衛門府《えもんふ》。三衛府。弘仁二年（八一一）以後は近衛府・衛門府・兵衛府。

三益友 さんえきゅう

①三種の良き友。正直、誠実、多聞な友。出典は『論語』。「孔子曰く、益者三友、損者三友・直きを友とし、諒《まこと》を友とし、多聞を友とするは益なり、便僻《べんぺき》を友とし、善柔を友とし、便佞《べんねい》を友とするは損なり」とある。②梅・竹・石の三つ。

三　猿 さんえん

目・耳・口をふさいで、「みざる」「きかざる」「いわざる」をあらわした三匹の猿。

三夏　さんか
陰暦の四・五・六月の三か月。孟夏・仲夏・季夏。

三貨　さんか
金貨・銀貨・銭（銅）貨の三種。

三戒　さんかい
①人生において守るべき三つのいましめ。青年の女色、壮年の闘争、老年の利得。出典は『論語』。②仏教用語で、在家の戒、出家の戒、道俗共通の戒。

三槐　さんかい
三公の異称。三公は太政大臣・左大臣・右大臣。
→三公

三界　さんがい
①三種の迷いの世界。欲界・色界・無色界。②過去・現在・未来の三世。

三戒壇　さんかいだん
東大寺（大和）、薬師寺（下野）、観世音寺（筑前）の三寺に設けた。

三鏡　さんかがみ
歴史物語『大鏡』（平安後期成立）、『水鏡』（鎌倉初期成立）、『増鏡』（一四世紀後半成立）の三書。

三月事件　さんがつじけん
昭和六年（一九三一）三月、軍事政権樹立をめざした旧日本陸軍青年将校によるクーデター未遂事件。

三箇津　さんがのつ
①中世、薩摩国の坊津《ぼうのつ》、筑前国の博多津《はかたのつ》、伊勢国の安《あ》（阿）濃津《のつ》の三港。中国の明《みん》からこの三港が重要な港と認識されていた。②摂津国の兵庫、渡辺、一之洲（ときに神崎）の三港をさす。

三柄大名　さんがらだいみょう
江戸時代、加賀藩の前田、薩摩藩の島津、仙台藩の伊達の三家。前田は禄高最高で「高柄」、島津は源頼朝の子を祖とする「家柄」、伊達は富裕で「国柄」を称された。

三　関　さんかん（さんげん）
都の防備のために置かれた古代の関。奈良時代は鈴鹿・不破《ふわ》・愛発《あらち》の関、平安時代には、鈴鹿・不破・逢坂《おうさか》の三関。

三　韓　さんかん
①朝鮮南部に居住した韓族の、馬韓《ばかん》・辰韓《しんかん》・弁韓《べんかん》。②古代朝鮮の三国で、高句麗《こうくり》・百済《くだら》・新羅《しらぎ》。

三　管　さんかん
雅楽の合奏の中心をなす三種類の管楽器。笙《しょう》・篳篥《ひちりき》・横笛《おうてき》の三種。

三管領　さんかんれい
室町幕府の管領職につくことのできる家柄。斯波《しば》・細川・畠山の三家。

三　季　さんき
江戸時代、端午《たんご》（五月五日）、重陽《ちょうよう》（九月九日）、歳暮《せいぼ》（十二月三十一日）の三礼日。

三奇人　さんきじん
江戸時代寛政年間（一七八九〜一八〇一）の三人の人物、高山彦九郎・林子平《しへい》・蒲生君平《がもうくんぺい》を寛政の三奇人と称する。

三急流　さんきゅうりゅう
最上川《もがみ》（山形県）、球磨川（熊本県）、富士川（静岡県）の三川。

三　教　さんき（ぎ）ょう
①儒教・仏教・道教。②神道・儒教・仏教。

三　卿　さんきょう
江戸時代、将軍家親族の家柄で、田安《たやす》・一橋《ひとつばし》・清水《しみず》家。御三家（尾張・紀伊・水戸）につぐ家柄で、将軍に嗣子《しし》なきときは宗家を継承する資格があった。最後の将軍慶喜《よしのぶ》は一橋家。

三　鏡　さんきょう
『大鏡』『水鏡』『増鏡』の三種の歴史物語書。

三　業　さんぎょう→二業
料理屋・待合《まちあい》・芸者屋の三種。

三橋会所　さんきょうかいしょ
菱垣廻船積問屋仲間の会所で、文化六年（一八〇九）江戸に設立された。頭取は杉本茂十郎。永代橋など三つの橋の架《か》けかえや修復請負を条件に設立が認められたので、「三橋」の名がある。

三経義疏　さんぎょうぎしょ
聖徳太子の撰述という『勝鬘経義疏《しょうまんぎょうぎしょ》』『維摩《ゆいま》経義疏』『法華経義疏』の総称。三経の注釈書では日本人による最初の本格的研究書。

三橋辻番所　さんきょうつじばんしょ
江戸の永代橋・新大橋・両国橋に置かれた辻番所。町奉行所配下。

三　曲　さんきょく
三種類の楽器の合奏の意。三味線《しゃみせん》・琴《こと》・胡弓《こきゅう》又は三味線・琴・尺八の組合わせをいう。

三　局　さんきょく
律令制において、太政官に属する少納言局・左弁官局・右弁官局の三つの事務局。少納言局は外記《げき》局ともいう。

三　宮　さんぐう
太皇太后・皇太后・皇后の総称。

三具足　さんぐそく
「みつぐそく」とも。仏前に供する華瓶《けびょう》・燭台《しょくだい》・香炉《こうろ》をひとそろいとする。

三　軍　さんぐん
①中国周代の兵制で、諸侯の上・中・下軍各一万二五〇〇人、合計三万七五〇〇人の軍隊。②近代においては、陸軍・海軍・空軍の総称。

三　家　さんけ
①太政大臣まで昇進できる家格清華《せいが》のうちの久《こ》我《が》・閑院《かんいん》・花山院《かざんいん》の三家。また、閑院・中院《なかのいん》・花山院の三家ともいう。②徳川氏の尾張・紀伊・水

戸家。③毛利氏の毛利・吉川・小早川家。④上杉氏の山内・犬懸・扇谷家。⑤武家故実の伊勢・今川・小笠原家。

三　経　さんけい
経書の中の三種。㋑易《えき》経・詩経・春秋、㋺書経・詩経・周礼《しゅらい》、㋩論語・孟子・大学中庸、㋥詩経・書経・易経、㋭易経・礼経・孝経、㋬易経・論語・孟子《もうし》など、諸説がある。

三　景　さんけい
日本三景。陸前松島・安芸宮島・丹後天橋立の三景勝。

三景艦　さんけいかん
日清戦争当時の日本海軍の主力艦で、松島・厳島・橋立。日本三景の名をつけた。

三　傑　さんけつ
明治維新の元勲、西郷隆盛・大久保利通・木戸孝允の三人を維新の三傑という。

三　賢　さんけん
平安時代、書道の小野道風《おののみちかぜ》・藤原佐理《ふじわらのすけまさ》・藤原行成《ふじわらのゆきなり》。三蹟《さんせき》ともいう。

三　元　さんげん
①上元（正月十五日）、中元（七月十五日）、下元（十月十五日）の総称。②天・地・人の総称。

三　監　さんげん
東宮寮の舎人《とねり》監・主膳監・主蔵監。

三権分立　さんけんぶんりつ
立法・司法・行政の分立により、国民の政治的自由を確保しようとする近代民主政治の基本原理。

三　鼓　さんこ
雅楽の太鼓《たいこ》・羯鼓《かっこ》・鉦鼓《しょうこ》。

三　鈷　さんこ
密教の修法《ずほう》に用いる法具で、両端が三つまたに分かれていて、尖《とが》った爪がある。金属製。

三　講　さんこう
平安時代に京都で行われた三種の講会《こうえ》。宮中の最勝講、仙洞《せんとう》（＝院）の最勝講と法勝寺《ほっしょうじ》の御八講をいう。

三　公　さんこう
律令制下、太政大臣・左大臣・右大臣の総称。三槐、三事。

三　后　さんこう
太皇太后・皇太后・皇后の三人。三宮。

三　光　さんこう
太陽・月・星のこと。

三　綱　さんごう
寺院の統制機関。上座《じょうざ》・寺主《じしゅ》・都維那《つついな》。

三光作戦　さんこうさくせん
日中戦争で、日本軍が組織的に行った破壊・殺戮戦術を中国側からよんだもの。焼光（焼きつくす）、殺光（殺しつくす）、搶光《そうこう》（奪いつくす）の意。共産党系の八路軍《はちろぐん》を中心とする中国軍の反撃に苦しめられてとった非人道的戦術で世界の非難を浴びた。

三教指帰　さんごうしいき
空海の出家宣言の書。延暦十六年（七九七）空海二四歳のときの著述で三巻より成る。

三公社　さんこうしゃ
日本国有鉄道・日本専売公社・日本電信電話公社。いずれも、現在では会社化された。「五現業」と併称された。

三　国　さんごく
①日本・中国・印度。②日本・中国・朝鮮。③中国後漢末の魏《ぎ》・呉《ご》・蜀《しょく》の三国。④近代、軍事同盟を結んだ日本・ドイツ・イタリア（一九四〇年）。

三国干渉　さんごくかんしょう
日清戦争後の下関条約（一八九五年）で、日本が遼《りょう》東《とう》半島を領有することになったのに反対して、ロシア・フランス・ドイツの三国が干渉・介入した事件。

三国司 さんこくし
室町時代、国司として存続し戦国大名化した三家。飛騨《ひだ》国司（姉小路《あねがこうじ》家）、伊勢国司（北畠家）、土佐国司（一条家）。

三国志 さんごくし
魏《ぎ》・呉《ご》・蜀《しょく》三国の歴史。晋《しん》の陳寿《ちんじゅ》著、六五巻。「魏志」東夷伝・倭は日本に関する最古の文献。

三国地志 さんごくちし
伊勢・伊賀・志摩三国の地志。巻一〜巻五十六は伊勢、巻五十七〜巻八十二は伊賀、巻八十三〜巻九十一は志摩、巻九十二〜巻百十二は旧案（古文書・古記録）を原文で収載。宝暦十三年（一七六三）完成。編者は藤堂元甫（伊賀上野城代）。

三国同盟 さんごくどうめい
昭和十五年（一九四〇）九月、日本・ドイツ・イタリア三国の間に結ばれた三国条約。

三　献 さんこん
酒宴の礼法。もと三度めの酒肴《しゅこう》の意。中世以後、吸物《すいもの》や肴《さかな》をそえて大・中・小の杯で一杯宛三度くり返して九杯の酒をすすめる。三三九度の杯。

三　才 さんさい
天・地・人。三元。

三斎市 さんさいいち
一か月に三回、日を定めて開く定期市。八日・十八日・二十八日などのように特定の日に開かれる。室町・戦国時代には、開催日をずらして市が開かれる、地域のネット・ワーク化が進んだ。

三斎流 さんさいりゅう
細川三斎（忠興、一五六三―一六四五）を祖とする茶道の流派。

三　尺 さんざく
三三九とも書く。流鏑馬《やぶさめ》の的《まと》で、的串の高さが三尺（約九〇センチメートル）のもの。

三　山　さんざん
①天香久山《あめのかぐやま》・畝傍山《うねびやま》・耳成山《みみなしやま》の大和三山。②月山《がっさん》・羽黒山《はぐろさん》・湯殿山《ゆどのさん》の出羽三山。③熊野本宮《ほんぐう》・新宮《しんぐう》・熊野那智《なち》大社の熊野三山。

三　史　さんし
中国の代表的な史書。①史記・漢書・後漢書。②史記・漢書・戦国策。

三　司　さんし→三公

三　師　さんし
中国の太師・太傅《たいふ》・太保《たいほ》のこと。三公より位は高いが実権を伴わない。日本の太政大臣に当たるかという。

三　時　さんじ
仏教用語。①正法《しょうぼう》・像法《ぞうぼう》・末法《まっぽう》の三つの時代。②法相宗《ほっそうしゅう》で、釈迦《しゃか》一代の教えを有教・空教・中道教の三期に分ける。③天台宗・日蓮宗で、仏の教化の益について、種・熟・脱の三時に分ける。

三　職　さんしき
荘園在地の荘官のうち中心的な三人の呼称。下司《げし》・田所《たどころ》・公文《くもん》（東大寺領美濃国大井荘）、下司・公文・沙汰人《さたにん》（同伊賀国黒田荘）、下司・公文・職事《しきじ》（興福寺領大和国田井荘）、下司・公文・刀禰《とね》（春日神社領山城国狛荘《こまのしょう》）、惣追捕使《そうついぶし》・公文・田所（東寺領備中国新見荘《にいみ》）など。

三事兼帯　さんじけんたい
衛門佐《えもんのすけ》・五位蔵人《くろうど》・弁官《べんかん》の三職を兼任すること。実務的な才能のある者が任ぜられ、名誉なこととされた。

三　下　さんした
博徒《ばくと》仲間で下《した》っ端《ぱ》の者をいう。三下奴《やっこ》。

三枝礼　さんしのれい
鳥の子は親鳥のとまっている枝から三枝下ってとまるということから、孝道をわきまえていることをいう。

三　社　さんじゃ

①伊勢神宮・石清水《いわしみず》八幡宮・賀茂《かも》神社、②伊勢神宮・石清水八幡宮・春日《かすが》神社。

三　舎　さんしゃ

①古代の天文学で、二十八宿のうちの三星宿をいう。舎＝宿。また星の距離。②古代中国で、軍隊の三日間の行程で、約六〇キロメートル。

三尺帯　さんじゃくおび

手綱染めなどの木綿《もめん》を三尺(鯨尺)ほどに切って、しごいて用いた一重廻しの帯。馬方、船頭、職人が用いた。

三社託宣　さんじゃたくせん

伊勢神宮・石清水八幡宮・春日神社の三社の神託。

三社祭　さんじゃまつり

東京都台東区の浅草神社の祭り。五月十七・十八日の両日に行われ、江戸三大祭りのひとつ。同社は三神を祭るところから三社権現と称されてきた。

三　舟　さんしゅう

勝海舟《かつかいしゅう》・高橋泥舟《でいしゅう》・山岡鉄舟《てっしゅう》の三人。幕末に活躍した人びと。

三　従　さんじゅう

家にあっては父に従い、嫁《か》しては夫に、夫の死後は子に従えという女性の心構えを説いたもの。仏教や儒教道徳で説かれた。

三種香　さんしゅこう

聞香《ぶんこう》競技のひとつ。三種類の香を三包宛用意し、たいたものをかぎ分ける。

三種神器　さんしゅのじんぎ

八咫鏡《やたのかがみ》・草薙剣《くさなきのつるぎ》・八坂瓊曲玉《やさかにのまがたま》。古代王権のシンボル。皇位のしるし。

三旬　さんじゅん
①月の上旬・中旬・下旬。②三〇日間、一か月のこと。

三省　さんしょう
律令制における、太政官八省中の式部《しきぶ》省・民部《みんぶ》省・兵部《ひょうぶ》省。

三商　さんしょう
江戸時代から明治にかけて、質屋・古手屋・古道具屋の三つを称する。

三条教則　さんじょうきょうそく
明治二年（一八六九）にはじまる大教宣布運動の大綱三か条。敬神愛国、天理人道、朝旨導守《ちょうしじゅんしゅ》を説く。この精神は教育勅語に引きつがれる。

三譲の表　さんじょうのひょう
平安時代以降、新任の摂政・関白・大臣が慣例として、三度辞退する旨を書いて天皇に差出した文書。

三条派　さんじょうは
平安時代末期に京都三条通りに居住していた刀工集団。三条小鍛冶宗近は名高い。

三条仏所　さんじょうぶっしょ
平安時代、定朝《じょうちょう》の弟子長勢を祖とする仏師の流派（円派）。円勢・長円・賢円・明円らの名匠が輩出した。鎌倉時代に七条仏所（＝慶派）の台頭によって衰微した。

三条流　さんじょうりゅう
室町・戦国期、三条西実隆《さんじょうにしさねたか》にはじまる書道の流派。実隆は尊円法親王《そんえんほっしんのう》から尊鎮流を学んだ。

三職　さんしょく
慶応三年（一八六七）に設置された総裁・議定《ぎじょう》・参与。総裁は有栖川宮熾仁《ありすがわのみやたるひと》親王、議定には皇族・公家と尾張・薩摩・越前・土佐・安芸の藩主ら、参与には公家と五藩の藩士ら各五名が就任した。

三所権現《さんしょごんげん》 本宮・新宮・那智の熊野三所権現。

三所物《さんしょもの》 「みところもの」とも。刀剣の、目貫《めぬき》・笄《こうがい》・小柄《こづか》の三品のそろっているもの。

三辰《さんしん》 日と月と星（北斗星）の三つ。三光。

三津《さんしん》 薩摩国坊津《ぼうのつ》・筑前国博多津《はかたつ》・伊勢国阿濃津《あのつ》の中世の三大港。

三審《さんしん》 古代律令制で、他人の罪を告言する者（告訴人）に、告言が虚偽である場合には誣告《ぶこく》反坐の罪になることを、三度告げ、しかるのちに訴えを聞いたこと。

三神《さんじん》 ①天御中主神《あめのみなかぬしのかみ》・高皇産霊神《たかみむすびのかみ》・神皇産霊神《かみむすびのかみ》（造化の神）。②稚産霊神《わくむすびのかみ》・倉稲魂神《うかのみたまのかみ》・保食神《うけもちのかみ》（五穀守護の神）。③住吉明神・玉津島明神・柿本人麻呂（和歌の神）。④柿本人麻呂・山部赤人・衣通姫《そとおりひめ》（同上）。

三新法《さんしんぽう》 明治十一年（一八七八）に公布された、郡区町村編成法、府県会規則、地方税規則の三法。

三介《さんすけ》 常陸介《ひたちのすけ》・上総介《かずさのすけ》・上野介《こうずけのすけ》。この三国は親王を守に任ずる親王任国であり、一般の官人の守《かみ》を置かず、次官（介）が国務を執った。

三助《さんすけ》 ①江戸時代、下男《げなん》―小者《こもの》など身分の低い奉公人の呼称。②銭湯《せんとう》で湯を沸《わ》かしたり客のからだを洗ったりする男のこと。③寛政（一七八九―一八〇一）の三助。柴野栗山《しばのりつざん》（彦助）、尾藤二洲《びとうにしゅう》（官佐）、古《こ》賀《が》精里《せいり》（弥助）の三人のすぐれた儒者。

三　寸《さんずん》

①胸のこと。「胸三寸」から。②のどのこと。「のど三寸」から。③舌《した》のこと。「舌先三寸」から。④香具師《やし》の一種。一尺三寸の台に小間物《こまもの》・おもちゃ・飴《あめ》・菓子《かし》などを並べ口上《こうじょう》を述べて売った。一尺を略して三寸。

三　牲《さんせい》

牲はいけにえ。①宗廟《そうびょう》に供える牛《うし》・羊《ひつじ》・豕《ぶた》。②釈《せき》奠《てん》に供える大鹿・小鹿・豕。釈奠は二月と八月に、孔子および十哲をまつる儀式。

三　聖《さんせい》

その道で最もすぐれた三人をさしていう。①釈《しゃ》迦《か》・孔子《こうし》・キリスト（世界の三聖人）、②老子《ろうし》・孔子・顔氏《がんし》、③堯《ぎょう》・舜《しゅん》・禹《う》、④禹・周公《しゅうこう》・孔子、⑤文王《ぶんのう》・武王《ぶおう》・周公（古代中国）、⑥ソクラテス・プラトン・アリストテレス（古代ギリシア）、⑦柿《かきの》本人麻呂《もとのひとまろ》・山部赤人《やまべのあかひと》・衣通姫《そとおりひめ》（和歌）、⑧空海《くうかい》・菅原道真《みちざね》・小野道風《みちかぜ》（書）、⑨荒木田守武《もりたけ》・山崎宗《そう》鑑《かん》・飯尾宗祇《そうぎ》（俳諧）。

『三正綜覧』《さんせいそうらん》

太陽暦・太陰太陽暦・太陰暦の三種の暦法による暦日の対照表。明治十三年（一八八〇）出版。内務省地理局編纂で、同省御用掛塚本明毅の手に成る。

三世一身法《さんぜいっしんのほう》

養老七年（七二三）に出された墾田《こんでん》法。溝池《こうち》を新たに造って田を開いた者にはその田を三世（曾《そう》孫《そん》）まで伝領させ、既設の水利施設を利用して田を開いた者には本人一代の間収公《しゅうこう》しないとした。

三　蹟《さんせき》

平安時代の能書家三人。小野道風《おののみちかぜ》・藤原佐理《ふじわらのすけまさ》・藤原行成《ふじわらのゆきなり》。

三節会《さんせちえ》

昔、宮中で行われた正月の節会。元日の節会、七日の白馬《あおうま》の節会、十六日の踏歌《とうか》の節会の三つ。節会は儀式のあとの宴会。

三千家　さんせんけ

千利休（一五二二―九一）のあと分流した茶道の三家。武者小路千家《むしゃのこうじせんけ》、表千家《おもてせんけ》、裏千家《うらせんけ》。

三善根　さんせんこん

布施《ふせ》・慈心《じしん》・知慧《ちえ》の三つの善根。

三遷の教え　さんせんのおしえ

孟子《もうし》の母が孟子を育てるため、よい環境を求めて三度転居した故事《こじ》から、母が子を育てるに用意周到なことをいう。

三船の才　さんせんのさい

平安時代、公家らが宴遊のとき、詩・歌・管絃の船を仕立てて、それぞれ得意の分野の船に乗った。藤原公任《きんとう》（九六六―一〇四一）は三つの才能を兼ね備えていて、三船の才と称された。

三　倉　さんそう

義倉・社倉・常平倉。穀物をたくわえる倉庫。

三　草　さんそう

①麻・藍《あい》・紅花《べにばな》。②麻・藍・木綿《もめん》。→四木《しぼく》

三　蔵　さんぞう

①古代の斎蔵《いみくら》・内蔵《うちつくら》・大蔵《おおくら》。②仏教聖典の分類。経蔵（仏の説法の集成）、律蔵（戒律の集成）、論蔵（経典の注釈研究の集成）の三つ。

三　尊　さんぞん

①主君・父・師。②寺院でまつる中心となる仏。本尊と左右にひかえる脇侍《わきじ》の菩薩《ぼさつ》の三体。阿弥陀《あみだ》如来《にょらい》・観音《かんのん》・勢至《せいし》、釈迦如来《しゃかにょらい》・文殊《もんじゅ》・普賢《ふげん》、薬師《やくし》如来・日光《にっこう》・月光《がっこう》。

三　太　さんた

江戸時代、商家の丁稚《でっち》・小僧。また愚鈍な者をあざけるよび名。

三　台　さんたい

①太政大臣・左大臣・右大臣。②左大臣・右大臣・内大臣。三公。

三　体　さんたい
①書道で、真・行・草の書体。②能楽の物まねの風体。老体・女体・軍体。

三大仇討　さんだいあだうち
曽我兄弟（一一九三年、富士の牧狩のとき曽我十郎・五郎が父の仇工藤祐経を討った）、伊賀越の仇討（一六三四年、荒木又右衛門らが伊賀上野で河合又五郎を討った）、赤穂義士（一七〇二年、播磨赤穂の浅野内匠頭の遺臣らが、主君の仇として吉良上野介を討った）の仇討。

三大会　さんだいえ
①南都（奈良）の興福寺維摩会《ゆいまえ》・薬師寺最勝会《さいしょうえ》・大極殿御斎会《ごさいえ》。②北京（京都）の円宗寺法華会と最勝会・法勝寺大乗会。

三大家　さんたいか
幕末の国学者平田篤胤《ひらたあつたね》・伴信友《ばんのぶとも》・小山田与清《おやまだともきよ》。

三大河　さんだいが
利根川（坂東太郎）・吉野川（四国次郎）・筑後川（筑紫三郎）の三河川。

三大改革　さんだいかいかく
江戸幕府による政治改革。享保《きょうほ》（将軍徳川吉宗、一七一六―四五年在職）、寛政《かんせい》（老中松平定信、一七八七―九三）、天保《てんぽう》（老中水野忠邦、一八四一―四三）の改革。

三大火事　さんだいかじ
江戸時代、江戸市中の大火。明暦《めいれき》（一六五七年、振袖火事《ふりそで》）、目黒行人坂《ぎょうにんざか》（一七七二年）、芝（一八〇六年）の火事。木造建築であり、町人居住区は過密で、しかも消防技術が幼稚であったから、大火が多かった。

三代記　さんだいき
「承久記」（一四世紀）、「明徳記」（一四世紀末）、「応仁記」（一五世紀後半）の三つの軍記物語。

三大儀式《さんだいぎしき》
平安時代の「弘仁儀式」「貞観儀式」「延喜儀式」の三つの儀式書。

三代格式《さんだいきゃくしき》
弘仁格式、貞観格式、延喜格式の三つ。三代の格を分類整理したものが『類聚三代格』として残る。式は『延喜式』が残り、『弘仁式』の一部が伝わる。

三大橋《さんだいきょう》
①山崎橋・宇治橋（山城国）・勢多《せた》橋（近江国）、②淀大橋・宇治橋（山城国）・勢多橋、③両国橋・千手《せんじゅ》（住）橋・六郷橋（江戸）、④天満《てんま》橋・天神橋・難波《なんば》橋（大坂）。

三代御記《さんだいぎょき》
宇多天皇の「寛平御記」、醍醐天皇の「延喜御記」、村上天皇の「天暦御記」。

三代御起請符地《さんだいごきしょうふのち》
白河・鳥羽・後白河三上皇の時代に成立した荘園の総称。上皇の起請の文書（符）によって成立した荘園の意。

三大財閥《さんだいざいばつ》
三井・三菱・住友財閥。第二次大戦までの日本の経済を支配した巨大財閥。

三体詩《さんたいし》
七言絶句・七言律詩・五言律詩の三体の詩。

三大寺《さんだいじ》
大和の、飛鳥《あすか》寺（元興《がんごう》寺）・大安寺（大官大寺）・川原寺（弘福《ぐふく》寺）の三寺。

三太守《さんたいしゅ》
親王任国上総《かずさ》・常陸《ひたち》・上野《こうずけ》の守《かみ》を太守と称した。

三代集《さんだいしゅう》
「古今集」（九〇五年）、「後撰集」（九五一年）、「拾遺集」（九九六年?）の三つの勅撰和歌集。

三大人《さんたいじん》
江戸時代のすぐた国学者、荷田春満《かだのあずままろ》（一七〇六—

五一）・賀茂真淵《かものまぶち》（一六九七―一七六九）・本居宣長《もとおりのりなが》（一七三〇―一八〇一）。

三大臣 さんだいじん
①太政大臣・左大臣・右大臣。②左大臣・右大臣・内大臣。③吉備真備《きびのまきび》（六九五―七七五）・菅原道真（八四五―九〇三）・藤原在衡《ありひら》（八九二―九七〇）。

三大臣家 さんだいじんけ
江戸時代、内大臣を極官《ごっかん》（昇進の上限）とする三家。中院家《なかのいんけ》・正親町《おおぎまち》三条家・三条西家。貴族社会では、家格により、昇進の限度がきまっていた。

三大新聞 さんだいしんぶん
発行部数の多い朝日新聞・読売新聞・毎日新聞。

三大制符 さんだいせいふ
建久二年（一一九一）三月二十二日の一七か条、同年三月二十八日の三六か条、寛喜三年（一二三一）十一月三日の四二か条、文永十年（一二七三）九月二十七日の二五か条より成る宣旨を一括していう。公家《くげ》新制。

三大節 さんだいせつ
旧憲法時代の三大祭日。四方拝《しほうはい》（一月一日）、紀元節《きげんせつ》（二月十一日）、天長節《てんちょうせつ》（天皇誕生日、昭和天皇の場合は四月二十九日）をいう。

三大門 さんだいもん
平安京の羅城門《らじょうもん》（平安京南端の門）・朱雀門《すざくもん》（大内裏の南門）・応天門《おうてんもん》（朱雀門の北の門）で、南北一直線上にあった。

三太夫 さんだゆう
華族や資産家の家で家事・会計を掌《つかさど》った人。家令《かれい》・執事《しつじ》。

三　挺 さんちょう
櫓《ろ》を三挺備えた江戸の茶船。

三手掛 さんてがかり
江戸幕府の刑事裁判の形式。寺社・町・勘定奉行のうちの掛奉行（主として町奉行）に大目付・目付が立ち合う裁判。

三 哲 さんてつ
江戸時代、国学の契沖《けいちゅう》（一六四〇―一七〇一）・賀茂真淵（一六九七―一七六九）・本居宣長（一七三〇―一八〇一）。

三 天 さんてん
摩利支天・大黒天・弁財天の三神。国を守り、民に福を与える神。

三 都 さんと
京都・江戸・大坂の三都市。

三 冬 さんとう
孟冬（陰暦十月）・仲冬（同十一月）・季冬（同十二月）の冬の三か月。

三 刀 さんとう
「州」の字のこと。「州」を「刕」と書いたことによる。「三刀の夢」とは、官吏が出世する吉夢。中国古代の晋の王濬《おうしゅん》が、三本の刀に一本を益《ま》す夢をみて、夢のとおり益州の長官になった故事による。

三 党 さんとう
室町時代、非人の称。

三 塔 さんとう
比叡山延暦寺の東塔《とうとう》・西塔《さいとう》・横川《よかわ》の三院。また延暦寺をいう。

三 道 さんどう
明経道（中国古典学・史学）・明法道（法律学）・算道（数学）の、古代学問の称。

三塔僉議 さんとうのせんぎ
延暦寺の僧徒全員が大講堂の前に集まって一山の方針を評議したこと。僉は皆《みな》の意。三塔会合《かいごう》ともいう。

三島流 さんとうりゅう
戦国時代、瀬戸内の水軍の流派。三島は伊予野島と来島《くるしま》、備中因島《いんのしま》の村上水軍の拠点。

三度笠 さんどがさ
三度飛脚がかぶった菅笠《すげがさ》。旅行用にも用い、渡世《とせい》人《にん》の旅姿で「縞《しま》の合羽《かっぱ》に三度笠」といういでたち。
→三度飛脚。

三年寄 さんとしより
江戸の町年寄を世襲した三家。奈良屋・樽屋・喜多村屋。

三度飛脚 さんどひきゃく
江戸時代、江戸と大坂の間を毎月三度定期的に往復した飛脚。元和元年（一六一五）にはじまる。

三　富 さんとみ
江戸で最も盛大に行われた三か所の富《とみ》くじ。谷中《やなか》感応寺《かんのうじ》・湯島天神《ゆしまてんじん》・目黒瀧泉寺《めぐろりゅうせんじ》。

三人衆 さんにんしゅう
茶の湯の、千利休《せんりきゅう》（一五二二―九一）の高弟。細《ほそ》川忠興《かわただおき》（一五六二―一六四五）・蒲生氏郷《がもううじさと》（一五五六―九五）・柴山監物《しばやまけんもつ》（生没年未詳）の三人。

三年斎 さんねんさい
伊勢神宮・賀茂神社の斎院《さいいん》が野宮《ののみや》で三年間行う潔《けっ》斎《さい》。こののち斎宮に入り神事に奉仕する。

三年不耕 さんねんふこう
古代に、空閑地《こかんち》を開発する許可を得てのち三年を過ぎても着手しないときは三年不耕として開墾権を失い、他人に開墾を許す規定があった。有力者が三年不耕と称して農民の土地を奪うことがあったので、寛平八年（八九六）政府は開墾すべき土地の二割を開けばこの法を適用しないとした。

三　酉 さんのとり
十一月に酉の日が三回あるとき、第三回めの酉の日。三酉のある年は火事が多いといわれる。

三　杯 さんぱい
三拝、三把、三祓とも書く。田植にまつる田の神、さんばいさん。

三博士 さんはかせ
寛政の三博士。儒学者。柴野栗山《しばのりつざん》（一七三六―一八〇七）・尾藤二洲《びとうにしゅう》（一七四七―一八一四）・古賀《こが》精理《せいり》（一七五〇―一八一七）の三人。

三羽烏 さんばがらす
ある集団・流派また個人の部下・門弟のうち、すぐれた三人の称。

三白 さんぱく
①防長三白で、米・紙・蠟。②讃岐三白で、塩・綿・砂糖。

三番叟 さんばそう
能《のう》の「式三番」（翁《おきな》）の後半に狂言方によって演じられる儀式的要素のつよい舞。五穀成就《じょうじゅ》を寿《ことほ》ぐもの。

三碑 さんぴ
①那須国造碑《なすこくぞうひ》（下野国《しもつけのくに》、七〇〇年に没した那須直《あたい》韋提《いで》の墓碑）、多胡碑《たこのひ》（上野国、七一一年の多胡郡設置の経緯《けいい》を記す）、多賀城碑《たがじょうひ》（陸前国、八世紀における多賀城建置と修造のことを記す）。②上野三碑《こうずけさんぴ》。多胡碑・山上碑《やまのうえのひ》（六八一年の墓碑）・金井沢碑《かないざわのひ》（七二六年の祖先・父母供養碑）。

三筆 さんぴつ
①平安時代初期の、嵯峨《さが》天皇・橘逸勢《たちばなのはやなり》・空海《くうかい》の三人の能書家。②藤原行成《ゆきなり》（九七二―一〇二八）・藤原行能《ゆきよし》・藤原行尹《ゆきただ》の世尊寺流《せそんじりゅう》の能書家。③寛永年間、近衛信尹《このえのぶただ》・本阿弥光悦《ほんあみこうえつ》・松花堂昭乗《しょうかどうしょうじょう》の三人の能書家。④江戸時代前期の黄檗宗《おうばくしゅう》の隠元《いんげん》・木庵《もくあん》・即非《そくひ》の三人の能書家。⑤幕末の市河米庵《いちかわべいあん》・貫名海屋《ぬきなかいおく》・巻菱湖《まきりょうこ》の三人の能書家。⑥大和絵で土佐（常盤）光長（生没年未詳）・同光信（生没年未詳）・同光起《みつおき》（一六一七―九一）の三人。

三拍子 さんびょうし
①小鼓《こつづみ》・大鼓《おおかわ》・笛（又は太鼓《たいこ》）の三つの楽器で拍子をとること。②三つの条件がうまくそろうこ

と。③蹴鞠《けまり》で、鞠を一度蹴《け》って二度めに蹴るまでの間に三度足踏みすること。④現代音楽で、三拍《さんぱく》を単位とする拍子。

三 一　さんぴん
江戸時代、①給料が一年で三両一分の、武家・公家に奉公した若党侍。②下級武士の蔑称。

三品取引所　さんぴんとりひきじょ
大阪の綿花・綿糸・綿布の取引所。明治二十七年（一八九四）開設。第二次大戦中は取引休止となったが、昭和二十六年（一九五一）再開された。

三 分　さんぶ
諸国の掾《じょう》（三等官）の異称。公廨《くがい》稲配分比率が三分であったから。

三不去　さんふきょ
妻を離婚できない三つの条件。帰る家のない場合、舅姑の喪を果たした場合、結婚後に裕福になった場合。

三奉行　さんぶぎょう
江戸幕府の寺社奉行・町奉行・勘定奉行。

三 伏　さんぷく
①夏至後の第三の庚《かのえ》を初伏、第四の庚を中伏、立秋後第一の庚を末伏という。②酷暑の候をいう時候の挨拶。

三福神　さんふくじん
福を授ける、恵比須《えびす》・大黒《だいこく》・福禄寿《ふくろくじゅ》の三神。

三部神道　さんぶしんとう
㈠唯一《ゆいっ》神道、㈡両部《りょうぶ》神道、㈢本迹《ほんじゃく》・縁起《えんぎ》神道。㈠は純粋に国有の随神《かんながら》の道を主張する。㈡は神仏二道を習合したもの。㈢は各社に伝来した縁起などによって行われるもの。

三不動　さんふどう
①大津三井寺の黄不動、紀伊高野山の赤不動、京都青蓮院の青不動の三つの不動明王。②江戸では、目黒不動・目白不動・目赤不動。

三　兵　さんぺい

①弓・剣・槍の三種の兵器。またそれをもつ兵士。②明治期、歩兵・砲兵・騎兵。

三　平　さんぺい

平安時代、関白・太政大臣藤原基経（八三六―九一）の三人の子。時平（八七一―九〇九）・仲平（八七五―九四五）・忠平（八八〇―九四九）。時平・仲平は左大臣、忠平は太政大臣に至る。

三　浦　さんぽ

一五―一六世紀、朝鮮王国が日本からの通交者のために開いた三つの港。万而浦・富山浦・塩浦。一五一〇年に三浦で日本人の暴動が起こった（三浦の乱）。

三　宝　さんぼう

①仏教用語で、仏・法・僧。また仏の異称。②「三方」とも書き、角形の折敷《おしき》に、前と左右に穴のあいた台のついたもの。神仏、また貴人に物を供するとき、儀式のときに物をのせる。

三　房　さんぼう

名前に「房」の字のついた三人の博識の人。①藤原伊房《これふさ》・藤原為房《ためふさ》・大江匡房《まさふさ》（平安時代）、②吉田定房《さだふさ》・万里小路《までのこうじ》宣房《のぶふさ》・北畠《きたばたけ》親房《ちかふさ》（南北朝時代）。

三方楽人　さんぼうがくじん

宮内庁楽部の三系統の楽人。京都方の多《おおの》・豊《ぶんの》・山井・安倍家、南都（奈良）方の上・奥・芝・辻・窪・久保家、天王寺（大阪）方の薗・林・東儀・岡家。

三宝吉日　さんぼうきちじつ

陰陽道で、万事に吉であるとする日。

三宝銀　さんぼうぎん

江戸時代、宝永七年（一七一〇）鋳造の丁銀および豆板銀の俗称。「宝」の刻印が三つあったので。

三宝荒神　さんぼうこうじん

①仏・法・僧の三宝を守護する神。②江戸時代以

後、かまどの神。

三方所替　さんぽうところがえ

譜代大名の転封の特殊な形態。三名の大名の間で行われる。たとえば延享四年（一七四七）、牧野氏（日向延岡→常陸笠間）、井上氏（常陸笠間→磐城平）、内藤氏（磐城平→日向延岡）のごとくである。

三　木　さんぼく

参議のこと。律令制の、大臣・大中納言につぐ重職。平安時代に定員八名で、八座と称された。

三木一草　さんぼくいっそう

建武新政における功臣四人。結城《ゆうき》親光《ちかみつ》・伯耆《ほうき》守《のかみ》名和《なわ》長年《ながとし》・楠木《くすのき》正成《まさしげ》の三木と千種《ちぐさ》忠顕《ただあき》の一草。

三盆白　さんぼんじろ

上等の白砂糖。単に「三盆」とも。「盆」は中国で、土製の鉢のこと。砂糖の精白にこの盆を用いたところから、ついたよび名か。

三　魔　さんま

足利義政のとき幕府政治を牛耳《ぎゅうじ》ったとされる三人の近臣、御今《おいま》（義政の乳母《うば》今参局《いままいりのつぼね》）、有馬《ありま》（有馬元家）、烏丸《からすま》（義政の生母日野重子のいとこ烏丸資任《すけとう》）。名字の「ま」を「魔」に見立てたもの。

三　廻　さんまわり

江戸町奉行配下の廻わり方同心《どうしん》。定町《じょうまち》廻わり、臨時廻わり、隠密《おんみつ》廻わりの三者。

三　密　さんみつ

仏教用語。身密（手に契印を結ぶ）・口密《くみつ》（口に真言を唱える）・意密（心に本尊を観ずる）の三業。

三　民　さんみん

華族・士族に対して農・工・商の三身分。

三民主義　さんみんしゅぎ

中国の孫文が提唱した政治上の主義。民族主義・民権主義・民生主義。

三無事件　さんむじけん
昭和三十六年（一九六一）の右翼団体による政府要人暗殺計画事件。川南豊作（元川南工業社長）は、失業・税金・戦争をなくする「三無主義」を唱えて同志を集め、議事堂襲撃を企てたが事前に洩れ二二人が検挙された。

三毛作　さんもうさく
同一農地で年間に三種の農作物を順に栽培すること。たとえば、稲・麦・蔬菜《そさい》など。

三　門　さんもん
寺院正面にある楼門《ろうもん》。山門。

三問三答　さんもんさんとう
中世の訴訟手続きに関する用語。訴人《そにん》（原告）が問状《もんじょう》を提出すると論人《ろんにん》（被告）がこれに対して陳《ちん》状《じょう》で答える。これを三度くりかえす。

三門跡　さんもんぜき
天台宗の山門（延暦寺）派と寺門（園城寺）派の各々三つの門跡。円融院《えんゆう》・青蓮院・妙法院（山門派）、円満院《えんま》・聖護院《しょうご》・実相院《じっそう》（寺門派）。門跡とは、法流を伝える拠点寺院のことをいったが、中世以降は、皇子や貴族の住する特定の寺院を意味する。

三　役　さんやく
①江戸幕府勘定所の勘定奉行・勘定吟味役・勘定組頭。②村役人の名主《なぬし》・組頭・百姓代。③能楽のワキ方・はやし方・狂言方。④茶の湯の亭主《ていしゅ》・正客《しょうきゃく》・お詰《つめ》（末客）。⑤相撲《すもう》の大関・関脇・小結。⑥江戸幕府直轄領での付加税で、御伝馬宿入用・六尺給米・御蔵前入用の三種。

三夜待　さんやまち
二十三夜の月待《つきまち》行事。二十三日の夜に社寺の籠《こも》り堂や当番の家で念仏を唱え、歌いさわぎ、餅をついたりして月の出を待つ。

三　余　さんよ

読書に適した三つの時期また時。冬（年の余）、夜（日の余）、陰雨（時の余）。

三里紙　さんりがみ

旅人や武家奴《ぶけやっこ》が膝《ひざ》の三里にあてた三角形の白紙。三里隠《かくし》。お灸《きゅう》のあとをかくすため、また飾りのためともいう。

三陸津波　さんりくつなみ

明治二十九年（一八九六）六月十五日の海底地震に起因する三陸海岸の津波災害。リヤス式海岸の村々はその地形から大津波に襲われ、死者二万七〇〇〇余人の被害を蒙った。波高は二四メートルにおよんだ。昭和八年（一九三三）三月三日にも三陸沖地震による津波が起こり三〇〇〇余人の死者を出した。昭和三十五年のチリ沖地震でも三陸沿岸では一〇六人の死者を出している。

三里塚闘争　さんりづかとうそう

昭和四十年（一九六五）十一月、政府は千葉県印旛郡富里村に空港設置を内定したが住民の反対にあい、成田市三里塚に新東京国際空港（成田空港）の設置を決定した。公団は金権で賛成派を抱き込み、警察によって反対派を弾圧して、同四十八年までに滑走路一本と空港施設を建設した。しかし、三里塚芝山連合空港反対同盟はいわゆる三派全学連の支援を得て激しく抵抗した。

三　略　さんりゃく

中国の兵法書。黄石が張良に授けたというが偽書である。上略・中略・下略に分かれている。同じく中国の兵法書「六韜」とともに兵法の極意書として珍重された。

三　老　さんろう

江戸幕府の大老・老中・若年寄（小老）。

三流　さんる
律令制下の流罪の三種で、遠流《おんる》・中流《ちゅうる》・近流《こんる》。

三令五申　さんれいごしん
三度命令し五度重ねていう。ていねいに命令することをいう。「申」は「重ねる」意。

三惑　さんわく
仏教用語。天台宗で一切の煩悩《ぼんのう》をいう。連声で「さんなく」「さんまく」という。

三和流　さんわりゅう
一七世紀、常陸国の伊藤清長にはじまる剣道の流派。

三節　みおり
宮中で行われた正月の、元日・七日・十六日の節会。三節会《さんせちえ》。

三日夜餅　みかよもち
結婚後三日めの夜、新郎・新婦が祝ってたべる餅。

三行(下)半　みくだりはん
江戸時代、庶民の間での離別状の別称。一紙に三行半に書く慣わしがあった。

三熊野　みくまの
熊野三山のこと。熊野速玉大社・熊野本宮大社・熊野那智大社の三社。

三日厨　みっかくりや
古代・中世、公領・荘園において、国司やその使者、領主代官が下向してきたとき、三日間にわたって饗応する儀礼(落付《おちつき》三日厨)。

三日天下　みっかてんか
天正十年(一五八二)明智光秀が本能寺に織田信長を討ち天下をとったが、一〇日余りで豊臣秀吉に討たれた。期間がきわめて短かいことをいう。

三日疱瘡　みっかぼうそう
水痘(みずぼうそう)の俗称。

三日病　みっかやまい

せき、発熱を伴い短時日でなおる。鎌倉・室町期。流行性感冒かともいう。

三月踊　みつきおどり

高利貸付で、三か月の期限がきて返済できないとき、利子を倍にして取る。

三　肴　みつざかな

合戦に、勝利を招くとされる三種の肴。打鮑《うちあわび》・かち栗・昆布《こんぶ》。

三道具　みつどうぐ

江戸時代、辻番所や御門番所に備えられた捕縛用の道具。突棒《つくぼう》・刺股《さすまた》・袖搦《そでがらみ》（錑《もじり》）。

三斗組　みつとぐみ

建築の柱上の組物。大斗上に肘木《ひじき》を置き、上に三つの斗《ます》をのせる。

三　的　みつまと

①騎射《うまゆみ》で、三か所に的《まと》を立てて順に射る。②歩立《かちだち》で三つの小的《まと》を射る。

三　物　みつもの

①武具の腹巻（胴丸）と袖と兜《かぶと》。②騎射の流鏑《やぶ》馬《さめ》・笠懸《かさがけ》・犬追物《いぬおうもの》。③歩射の大的《おおまと》・草鹿《くさじし》・円物《まるもの》。④連歌俳諧の様式。江戸時代、連歌の発句・脇句・第三の三句を歳旦三物として詠《よ》むことが定着し、京都では歳旦帳を印刷したものを売り歩いた。

三　割　みつわり

三分割すること。また三分の一。

三所物　みところもの

→さんしょもの。

三　春　みはる

「さんしゅん」とも。陰暦の初春（一月）、仲春（二月）、晩春（三月）。

三節草　みふしぐさ

稲のこと。

三冬《みふゆ》
陰暦の十月・十一月・十二月の三か月。

大犯三箇条《たいぼんさんかじょう》
「関東御成敗式目」に規定された、鎌倉時代の守護の権限。大番催促、謀叛人・殺害人の追捕。のちに夜討・強盗・山賊・海賊の検断が加えられた。

封事三箇条《ふうじさんかじょう》
天徳元年（九五七）十二月に菅原文時（道真の孫）が村上天皇に奏上した三か条。奢侈《しゃし》禁止、売官禁止と鴻臚館《こうろかん》の復興について述べている。

上三奉行《うえさんぶぎょう》
江戸幕府の、寺社奉行・町奉行・勘定奉行。下三奉行に対する用語。

下三奉行《したさんぶぎょう》
江戸幕府の、普請奉行・作事奉行・小普請奉行をいう。上三奉行に対する語。

秋霜三尺《しゅうそうさんじゃく》
秋の霜のように光り輝き、長さ三尺で、ともに刀剣のこと。研《と》ぎすました刀。

東三条第《ひがしさんじょうてい》
平安京の左京三条三坊一・二町にあった邸宅。藤原良房によって創建され、基経―忠平―重明親王―兼家―道隆―道長―頼通―師実―師通―忠実―忠通―基実と、摂関家嫡流に伝領された。

【四】

四　悪　しあく
虐《ぎゃく》（平素民を教えないで、罪を犯せば殺す）・暴《ぼう》（平素の戒を怠って、俄かに成績を示せと迫る）・賊《ぞく》（命令をゆるやかにしておきながら、最後の期限を厳重に責めたてる）・有司（どうせ人に与えなければならないものなのに、出し惜しみする）の四つ。

四　夷　しい
東夷《とうい》・西戎《せいじゅう》・南蛮《なんばん》・北狄《ほくてき》。中国の中華思想にもとづき、四囲の民族をこのようによんだ。

四　維　しい
①天地の四隅で、乾《いぬい》（西北）、坤《ひつじさる》（西南）、艮《うしとら》（東北）、巽《たつみ》（東南）の四方位。②国を維持する四つの大綱。礼《れい》・義《ぎ》・廉《れん》・恥《ち》の四徳。

四威儀　しいぎ
往《おう》・住《じゅう》・坐《ざ》・臥《が》の四つの作法にかなっているもの。戒律にかなった立居振舞《たちいふるまい》をいう。

四一半　しいちはん
ばくちの一種。双六《すごろく》から転じたもの。四一半打《うち》といえば、ばくちをする人。

四　裔　しえい
「裔」は衣のすそのこと。国の四方のはてのこと。「四裔に達す」といえば、国のすみずみまで行きわたる意。

四　益　しえき
益言・益事・益文・益友の、四つの有益なもの。

四　駅　しえき
江戸時代、五街道の発着点だった宿駅。千住《せんじゅ》（日光街道・奥州街道）・板橋（中山道《なかせんどう》）・品川（東海道）・内藤新宿（甲州街道）の四宿。

四円寺 しえんじ

平安中期、天皇御願寺《ごがんじ》として仁和寺周辺に建てられた円の字のつく寺。円融寺（九八三年、円融上皇）、円教寺（九九八年、一条天皇）、円乗寺（一〇五五年、後朱雀天皇）、円宗寺（一〇七〇年、後三条天皇）の四寺。

四王天 しおうてん

仏教帰依者《きえしゃ》を守護する、持国天《じこくてん》（東方）・増長天《ぞうちょうてん》（南方）・広目天《こうもくてん》（西方）・多聞天《たもんてん》（北方）の四天王。

四　恩 しおん

衆生がこの世で受ける恩。①父母の恩、衆生の恩、国王の恩、三宝の恩。②父の恩、母の恩、如来の恩、説法法師の恩。

四　海 しかい

①四方《よも》の海。②国内、世界。天下の意。

四戒壇 しかいだん

奈良東大寺・下野薬師寺・筑前観世音寺《かんぜおんじ》・近江延暦寺の四つの戒壇。戒壇は僧・信者に授戒するところ。

四角四堺祭 しかくしかいのまつり

疫病《えきびょう》を払うために家の四隅と国の四堺で行った祭祀。朝廷で六月と十二月に行った鎮火祭と道饗《みちあえ》の祭をいう。

四箇度幣 しかどのへい

祈年祭《としごい》・月次祭《つきなみ》・例幣・新嘗祭《にいなめ》の四度に神に奉る幣帛《へいはく》。

四　季 しき

春・夏・秋・冬の四つの季節。

四　儀 しぎ

孝・悌《てい》・慈恵・忠恕《ちゅうじょ》の四つのよい教え。

四季悪日 しきあくにち

陰陽道《おんみょうどう》で、四季のそれぞれで悪日とされる日。春の八龍日（甲子《かっし》・乙亥《いつがい》の日）、夏の七鳥日（丙子《へいし》・丁亥《ていがい》の日）、秋の九虎日（庚子《こうし》・辛亥《しんがい》の日）、冬の六蛇日（壬子《じんし》・癸亥《きがい》の日）。

四季絵　しきえ

平安時代中期以降、大和絵《やまとえ》の屛風《びょうぶ》や襖《ふすま》に描かれた画題上の用語。各月の歳事と風物を描いたもので、月次絵《つきなみえ》とも。

四季施　しきせ

仕着施とも。雇主から奉公人に季節に応じて衣服を給すること。またその衣服をいう。江戸幕府も諸役人に「御四季施」と称して衣服を給した。

四畿内　しきない

天平宝字元年（七五七）に和泉国が成立する以前の畿内四かふ。大倭《やまと》・河内《かわち》・摂津《せっつ》・山背《やましろ》の四国。

四脚門　しきゃくもん

二本の主柱の前後に各二本の副柱のある門。副柱四本で、このように称する。四足門。

四　教　しきょう

①詩・書・礼・楽の教え。②文（学問）・行（実践）・忠（誠実）・信（信義）の教え（「論語」）。③婦徳・婦言・婦容・婦功（「礼記《らいき》」）。④釈迦一代の教説を四つに整理したもの。

四　鏡　しきょう

「大鏡」「今鏡」「水鏡」「増鏡」の四つの歴史物語。三鏡＊に「今鏡」（一一七〇年頃成立）を加えて称する。

四　句　しく

「偈《げ》」の異称。偈は四句より成る。「諸行無常」のごとき。

四　苦　しく

仏教用語で、人生の苦しみ。生苦・老苦・病苦・死苦。

四宮職　しぐうしき

太皇太后宮職《たいこうたいごうぐうしき》・皇太后宮職《こうたいごうぐうしき》・皇后宮職《こうごうぐうしき》・中宮職《ちゅうぐうしき》の四つ。それぞれの家政事務機構。

四蔵米 しくらまい

江戸時代、大坂にある蔵屋敷のうち、筑前・肥後・中国（周防・長門）・広島の四地方の蔵米の総称。これら蔵米が米価の基準となった。

四君子 しくんし

唐画で、気品を君子に見立てた四種の植物。蘭・菊・梅・竹。

四　家 しけ

藤原四家。南家《なんけ》（祖は武智麻呂《むちまろ》）、北家《ほっけ》（祖は房《ふさ》前《さき》）、式家《しきけ》（祖は宇合《うまかい》）、京家《きょうけ》（祖は麻呂《まろ》）の四家。

四　経 しけい

①詩・書・礼・楽。②古文尚書・毛詩・左氏伝・穀梁伝。③易・書・詩・春秋。④徳・仁・義・礼の四つの徳。

四　藝 しげい

琴《こと》・囲碁《いご》・書・絵画のこと。

四　穴 しけつ

調子笛。一竹《いっちく》ともいう。盲人箏曲《そうきょく》家が自分で作り調律に用いた。四個の穴があり、一本の竹で一二律を求めることができる。

四　股 しこ

相撲の基本動作。左右の足を交互に高くあげ力をこめて地を踏む。「しこをふむ」という。

四　行 しこう

人の行うべき四つの道。孝・悌・忠・信。

四行八門制 しこうはちもんせい

平安京の町割り制。東西（条）、南北（坊）、四大路で区切られた一画（一坊）は一六町から成り、一町は四行に分かれ、一行は八門から成る。したがって一町は三二門に分かれる。一門は5丈×10丈＝50平方丈　これを一戸主《へぬし》と称する。

四国艦隊下関砲撃事件 しこくかんたいしものせきほうげきじけん

元治元年（一八六四）のイギリス・フランス・ア

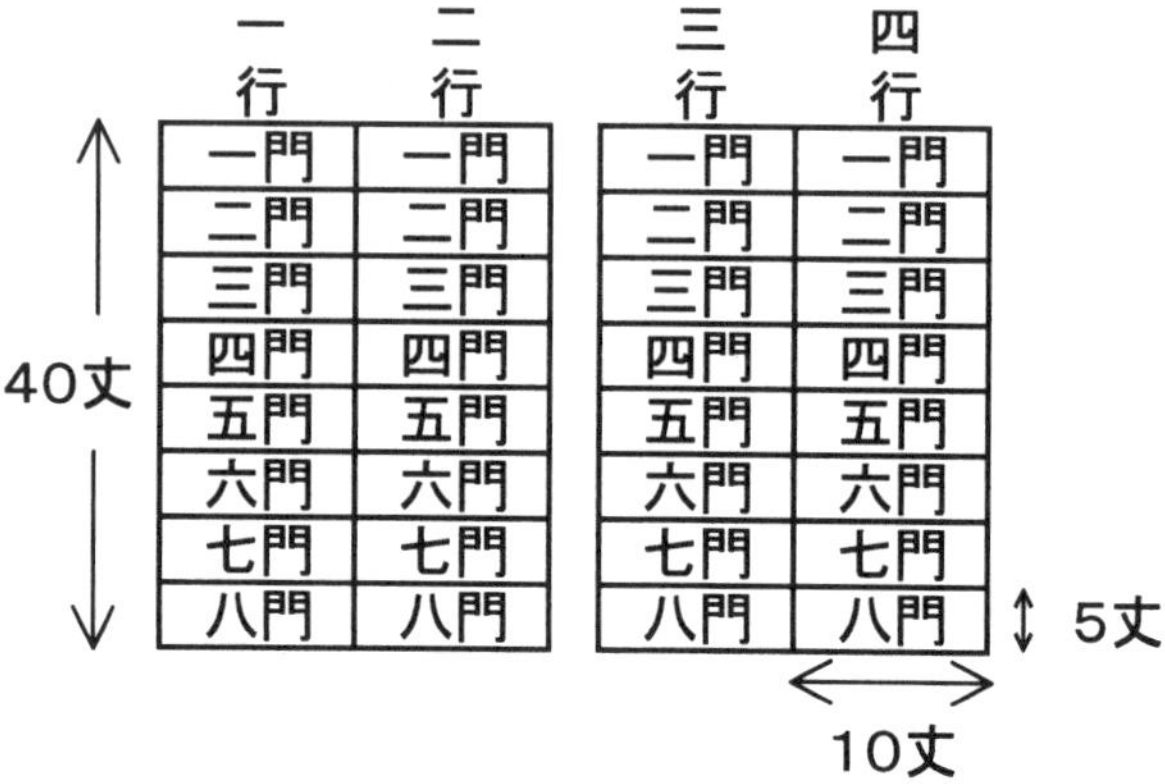

メリカ・オランダの四国連合艦隊による長州藩下関砲撃事件。馬関戦争。下関砲台を占領され、長州藩では、尊攘派にかわって俗論派が藩の実権を握るようになった。

四国巡礼 しこくじゅんれい

四国八十八か所（寺）巡礼。

四国稗 しこくびえ

古く中国から渡来し、多く四国地方で栽培されたヒエの品種。

四国麦 しこくむぎ

鳩麦《はとむぎ》の異称。

四　座 しざ

能楽の四流派。観世《かんぜ》・宝生《ほうしょう》・金剛《こんごう》・金春《こんぱる》の四座。のちに喜多流が加わり、四座一流と称された。

四斎日 しさいにち

禅宗で、とくに心身を慎《つつし》む斎戒《さいかい》の日。毎月の一日・八日・十五日・二十三日。

四至 しし
「しいし」とも。東西南北の四方の境界。「四至牓《ぼう》示《じ》」といって、荘園の境界を明らかにするために四隅に杭《くい》を打ったり巨石を置いたりした。

四時 しじ
春夏秋冬の季節。四季。

四職 ししき
①律令制下、左京職《さきょうしき》・右京職《うきょうしき》・大膳職《だいぜんしき》・修理職《しゅりしき》の総称。②室町幕府の侍所《さむらいどころ》長官（所司《しょし》）に任ぜられた四家。山名《やまな》氏・一色《いっしき》氏・京極《きょうごく》氏・赤松氏。

四時祭 しじさい
古代律令制下で、神祇官が行った恒例の宮廷祭祀。四時とは四季。宮廷内の祭祀（五種）、伊勢神宮の祭祀（四回）、特定の神社への祭祀で、平安時代には年間一二〇回の祭祀があった。

四失 ししつ
学問をする者にある欠点。多《た》（才能が少ないのに多くを貪《むさぼ》る）、寡《か》（才能があるのに学ばない）、易《えき》（広く問うことを好み、以て道を知り易《やす》しとする）、止《し》（人に聞くことをせず、止まって自ら思うのみ）の四つ。

四衆 ししゅ
仏教用語で、仏教に帰依《きえ》した弟子。比丘《びく》（出家して具足戒を受けた男子、僧）・比丘尼《びくに》（出家して具足戒を受けた女子）・優婆塞《うばそく》・優婆夷《うばい》。四部の弟子。

四獣 しじゅう
虎《とら》・豹《ひょう》・熊《くま》・羆《ひぐま》。その動物に擬して名づけた四方の星宿。東は青龍《せいりゅう》、西は白虎《びゃっこ》、南は朱雀《しゅざく》、北は玄《げん》武《ぶ》。したがって四方のこと。

四宿 ししゅく
四駅*に同じ。

四種十服の茶 ししゅじっぷくのちゃ
闘茶（茶の飲みくらべ）の基本的競技で、四種の茶を用い、品種や産地を識別するもの。客茶一服と、他の三種三服（三回）を喫するので十服となる。

四種盤　ししゅばん
香道で、代表的な盤物の組香四種に必要な道具を一つの箱にまとめたもの。盤上に人形や矢、旗などをたてて成績を示す。

四種曼荼羅　ししゅまんだら
大曼荼羅・三昧耶《さんまや》曼荼羅・法曼荼羅・羯磨《かつま》曼荼羅の四種で、四曼ともいう。

四旬　しじゅん
①四〇日。②四〇年。

四書　ししょ
「大学」（学問論）、「中庸」（人性論）、「論語」（孔子と門人の対話）、「孟子」（孟子の言葉）の四種。

四序　しじょ
春夏秋冬の順序。四季。季節の移りかわり。

四条河原　しじょうがわら
平安京四条大路の東への延長線上の鴨河の河原。祇園八坂神社への参詣道に当たる。この河原では、田楽・猿楽の勧進興行が行われた。出雲阿国が興行を行ったのも四条河原であった。最盛期には七軒の小屋があったという。

四証図　ししょうず
天平十四年（七四二）、天平勝宝七歳（七五五）、宝亀四年（七七三）、延暦五年（七八六）の班田図。八世紀から一〇世紀頃の土地の権利関係についての証験図として用いられた。

四条内裏　しじょうのだいり
近衛天皇の里内裏。久安四年（一一四八）土御門内裏の焼亡により皇居となった。左京四条四坊四町にあった。

四条派　しじょうは
日本画の流派。松村呉春（一七五二―一八一一）

にはじまる。円山派の写生と南画の技法を採り入れた。呉春は京都四条の全座年寄の家に生まれた。一門が多く四条付近に住居したので四条派とよばれた。

四条流　しじょうりゅう

①後嵯峨天皇（一二二〇―七二）にはじまるという築山《つきやま》・庭園づくりの一派。②平安時代の山蔭《やまかげ》中納言にはじまる包丁《ほうちょう》（料理）の一派。料理の包丁さばきを客にみせる儀礼で、室町時代に包丁の家柄として整えられた。

四所籍　ししょのしゃく

春の除目《じもく》の次第の一つ。四所とは内豎所《ないじゅしょ》・校書《きょうしょ》殿《でん》・大舎人《おおとねり》寮《りょう》・進物所《しんもつしょ》。籍は所属者の名簿のこと。各籍の年労者（古参の者）から選ばれて諸国の掾《じょう》・目《さかん》に任用される。この場合、年労（勤続年）上日《じょうじつ》（出勤日数）を記した労帳が提出される。

四　神　しじん

①中国で四季をつかさどる神。②天の四方の星宿。その方角をつかさどる神。青竜（東）、白虎（西）、朱雀（南）、玄武（北）。

四神旗　しじんき

四神を絵に描いたり繡《ぬいとり》にしたりした四本の旗。朝廷で、元日朝賀・即位礼などの折に諸種の旗とともに立て威儀を整える。

四　種　しす

料理で、みそ・塩・酢・酒の四種をいう。

四　姓　しせい

源氏、平氏、藤原氏、橘氏。「源平藤橘《げんぺいとうきつ》」。

四姓使　しせいのつかい

伊勢大神宮に差遣された王氏《おうし》・中臣氏《なかとみし》・忌部氏《いんべし》・卜部氏《うらべし》の四姓の幣帛使《へいはくし》。

四　節　しせつ

四季のこと。

四　絶　しぜつ
立春・立夏・立秋・立冬の前一日。この日は出兵を忌むという。

四川方　しせんかた
江戸時代、関東の四河川の普請《ふしん》を管轄した四川奉行や四川方代官のこと。江戸川・鬼怒川《きぬがわ》・小貝《こかい》川《がわ》・下利根川《しもとねがわ》。

四　則　しそく
加・減・乗・除の四つの算法。

四　足　しそく
①よつあし。けだもの。③四足門、四脚門。

四　大　しだい
①物体の四元素。地・水・火・風。②人間の肉体。

四大師　しだいし
①伝教大師《でんぎょうだいし》（最澄《さいちょう》）、弘法大師《こうぼうだいし》（空海《くうかい》）、慈覚大師《じかくだいし》（円仁《えんにん》）、智証大師《ちしょうだいし》（円珍《えんちん》）。②伝教大師、慈覚大師、智証大師、慈慧大師《じけいだいし》（良源《ろうげん》）。

四大寺　しだいじ
①川原寺《かわらでら》・薬師寺《やくしじ》・飛鳥寺《あすかでら》・大官大寺《たいかんたいじ》（飛鳥時代）、②薬師寺・元興寺《がんごうじ》・興福寺《こうふくじ》・大安寺《だいあんじ》（奈良時代）、③東大寺《とうだいじ》・興福寺・延暦寺《えんりゃくじ》・園城寺《おんじょうじ》（平安時代）。

四大人　したいじん（しうし）
荷田春満《かだのあずままろ》・賀茂真淵《かものまぶち》・本居宣長《もとおりのりなが》・平田篤胤《ひらたあつたね》。――国学の四学者。

四大節　しだいせつ
第二次大戦中まで、祝日とされた節会《せちえ》。四方拝《しほうはい》（一月一日）、紀元節《きげんせつ》（二月十一日、いまの建国記念の日）、天長節《てんちょうせつ》（四月二十九日、昭和天皇の誕生日）、明治節（十一月三日、明治天皇の誕生日）。

四大天王　しだいてんのう
→四王天

四　注　しちゅう
四つの斜面で構成された屋根。寄棟造《よせむねづくり》という。古代では「あづまや（四阿、阿舎、東屋）」とよぶ。但し正方形平面の場合は方《ほう》（宝）形《ぎょう》とよぶ。

四通五達　しつうごたつ

道路がどの方面にも通じていることから、賑《にぎ》やかなところ、市街。四通八達も同意。

四　手　しで

注連縄《しめなわ》や玉串《たまぐし》につけて垂《た》らす紙。垂《しで》。

四天王　してんのう

①四王天。②部下や弟子のうち最もすぐれた四人をいう。徳川家康の四天王（酒井忠次・井伊直政・本多忠勝・榊原康政）。

四天王寺流　してんのうじりゅう

江戸時代の工匠の流派。京都の建仁寺流に対する。

四　道　しどう

①北陸道・東海道・西海道・丹波道をさす。四道将軍。②古代の大学の四学科、紀伝道《きでんどう》・明経道《みょうぎょうどう》・明法道《みょうぼうどう》・算道《さんどう》。

四等官　しとうかん

律令官司制で、各官司を構成する職員の等級。長《か》官《み》・次官《すけ》・判官《じょう》・主典《さかん》の四等。但し官司によって用いる文字が異なる。国司は、守《かみ》・介《すけ》・掾《じょう》・目《さかん》。

四斗樽　しとだる

酒など約四斗（七二リットル）を入れることのできる樽。

四度官幣　しどのかんぺい

月次祭《つきなみ》（六月・十二月）・祈年祭（二月）・新嘗祭（十一月）に神祇官《じんぎかん》から奉献する幣帛《へいはく》。

四度公文　しどのくもん

古代・諸国の四度使が中央に持参する公文書。大計帳・正税帳・貢調帳・朝集帳。

四度使　しどのつかい

古代、諸国司から中央政府に提出される公文を持参した使者。大計帳使・正税帳使・貢調使・朝集使。「よどのつかい」とも。

四度拝 しどはい
神を拝するとき、四度頭をさげる。両段再拝＊に同じ。

四斗俵 しとびょう
四斗（約五六キログラム）の米の入っている俵《たわら》。

四 病 しびょう
和歌をつくるとき避けなければならない四つのことがら。①第一句と第二句のはじめが同じである（岸樹病《がんじゅ》）、②第一句の第二字と他の句の第四字または第五字が同じである（風燭《ふうしょく》病）、③五言の第四と第五字、または七言の第六字と第七字が同じである（浪船《ろうせん》病）、④ひとつの句に同じ字が一字おきに出てくること（落花《らっか》病）。

四 譜 しふ
神楽《かぐら》・催馬楽《さいばら》・東遊《あずまあそび》・風俗歌の四譜。

四 府 しふ
古代の、左近衛府・右近衛府・左兵衛府・右兵衛府。

四 分 しぶ
律令制下、諸国公廨稲《くげとう》を配分する際の、次官《すけ》の配分率。

四壁林 しへきばやし
江戸時代、村落や屋敷の周囲にめぐらした立木。樫・欅・樟・杉・榎・栗・桐・竹などで、幕府・諸藩も植樹を奨励した。四壁林は燃料・草肥・建築用材の供給源であり、風除《よ》けの効果もあった。

四 宝 しほう
①仏教で、金・銀・瑠璃《るり》・水晶《すいしょう》の四つ。②筆・墨・紙・硯《すずり》の文房四宝《ぶんぼうしほう》。

四望車 しぼうしゃ
牛車の一種。車箱の四方を吹放《ふきはな》しとして御簾《みす》をかけ周囲を眺められるようにしたもの。

四方拝 しほうはい
一月一日、天皇が清涼殿《せいりょうでん》の東庭で、属星《ぞくしょう》、天地四方、父母の山陵を拝して、災厄を祓《はら》い、五穀豊《ごこくほう》穣《じょう》・宝祚《ほうそ》長久《ちょうきゅう》・天下泰平を祈願した儀式。この形は一般の公卿、庶民にもひろまり、元旦の朝、四方を拝する慣わしがあった。

四木 しぼく
桑・楮《こうぞ》・漆《うるし》・茶。いずれも収益性の高い樹木。江戸時代、「四木三草」といい、重んじられた。↓三草。

四菩薩 しぼさつ
観音《かんのん》・弥勒《みろく》・普賢《ふげん》・文殊《もんじゅ》。

四本懸(掛) しほんがかり
蹴鞠《けまり》を行うとき、その庭の四隅に植える四本の木。松(北西)・楓《かえで》(南西)・柳(南東)・桜(北東)を植え、この中で蹴鞠《けまり》を行う。

四本商人 しほんしょうにん
室町時代、伊勢・美濃方面との商取引に従事した近江商人。得珍保(保内)商人、石塔商人、小幡商人、沓掛商人の総称。

四本柱 しほんばしら
相撲の土俵の四隅に立てた柱。東の柱には青、西は白、南は赤、北は黒の布を巻いた。但し昭和二十七年(一九五二)秋場所からは、柱を除き、吊《つ》り屋根の四隅にその色のふさをさげるようになった。

四枚肩 しまいがた
駕籠《かご》を四人でかつぐこと。また交替要員が二人ついていること。急用のとき、また派手にみせようとして四人でかつぐ。とくに吉原など遊里に行くとき。

四民 しみん
士・農・工・商の四つの身分。「四民平等」。

四目 しめ
①標《しめ》、注連《しめ》(縄)のあて字。②四目矢《しめや》*の略。

四馬 しめ
「しば」とも。また「駟馬」と書く。馬車をひく四頭の馬。四頭だて。

四目矢 しめや
的矢《まとや》のひとつ。響目《ひきめ》の小形のもので、穴が四つある。高い音が出る。

四面楚歌 しめんそか
敵中に孤立し、四囲みな敵ばかりで味方のない孤立無援の状態をいう。『史記』項習本紀の故事にもとづく。

四孟 しもう
「孟」は、はじめで、四季のはじめ。孟春正月、孟夏四月、孟秋七月、孟冬十月。

四目 しもく
四方を見渡し、物事をよく観察し本質をとらえること。「四目を明らかにして四聡《そう》に達す」といえば、広く見聞につとめて政治を行うこと。

四門 しもん
①東西南北のすべての門。②内裏《だいり》の建春門《けんしゅんもん》（東）、宜秋門《ぎしゅうもん》（西）、建礼門《けんれいもん》（南）、朔平門《さくへいもん》（北）。

四文商売 しもんしょうばい
規模の小さい商売。また安物を売る商売。

四文屋 しもんや
江戸時代、四文均一商品を売った大道商売。

四隣 しりん
①となり近所、隣りあった国。②天子の補佐役四人。前疑《ぜんぎ》・後丞《こうじょう》・左輔《さほ》・右弼《うひつ》。

四六出目 しろくでめ
出目とは出目米で付加税の一種。江戸時代、上野《こうずけ》国群馬郡では、年貢米四斗について六升の出目米を納めた。

四六判 しろくばん
書籍・雑誌のサイズ。六寸（約一八・二センチメートル）に四寸（約一二・一センチメートル）

の大きさで、B6判に近い大きさ。

四六衾 しろくぶすま

紙を皮にし、中にわらを入れたふとんのこと。縦六枚・横四枚（計二四枚）の紙でできている。

四六駢麗体 しろくべんれいたい

四字・六字の句を基本として対句《ついく》をなす華美な漢文の文体で、中国の六朝《りくちょう》・唐《とう》代に流行した。日本では奈良・平安時代に盛んになった。有名な『尾《お》張国郡司百姓等解《わりのくにぐんじひゃくせいらげ》』（九八八年）はこの四六駢麗体の修飾の多い文章である。

四足船 よつあしぶね

四本柱の日覆い屋根を設けた小舟。

四脚門 よつあしもん

↓しきゃくもん

四　折 よつおり

紙・布を二つ折りにしたあと、さらに一度折る。

四日一分 よっかいちぶ

四日で一分の賃金。江戸時代の大工《だいく》・木挽《こびき》の賃金。

四　切 よつぎり

写真の印画紙などの大きさ。一〇×一二インチ（約二五・五×三〇・五センチメートル）の大きさ。

四　竹 よつだけ

扁平な竹片各二枚を両手に握り、打ち合わせて鳴らす、カスタネット様のもの。四つ竹に合わせて歌う小唄を四竹節《よつだけぶし》といい、一七世紀中頃からはじまった。

四　辻 よつつじ

たて・よこに道が交叉しているところ。十字街。

四手網 よつであみ

網の四隅《よすみ》を木や竹で張り、これを水中に沈めておき、折をみて引きあげ魚を取る。

四　身　よつみ
和服の裁ち方の一つ。並幅の身丈《みたけ》の四倍で、前後身頃・衿・衽《おくみ》を裁つこと。またその裁ち方で仕立てた着物で、五、六歳から一二、三歳の小児の衣服をいう。

四谷丸太　よつやまるた
皮を剝《は》いで、鮫《さめ》皮でみがいた杉の丸太。多摩川・荒川上流で産出。

四手掛　よてがかり
江戸時代、幕府評定所で、寺社奉行・勘定奉行と大目付・目付の四人立合いで御目見《おめみえ》以上の身分の武士の裁判を行う。

四方輿　よほうごし
貴族らがおもに遠出用に使った手輿《たごし》の一種。台の四方に柱をたて屋根をのせ、簾を垂らした。四人でもつ。

四方棚　よほうだな
茶席用の棚。二本の柱で二枚の方形の板を支え、天井板に柄杓・茶入・蓋置を、地板に水指をのせる。

四間取　よまどり
民家の間取りで、座敷・居間・台所・納戸《なんど》が田の字形になっているもの。

四方山話　よもやまばなし
世間《せけん》ばなし、雑多な話。

四里四方　よりよほう
江戸の町をいう。俗にその広さが四里（一五・七キロメートル）四方だというので。

四・一六事件　よんいちろくじけん
昭和四年（一九二九）四月十六日に行われた日本共産党弾圧事件。中央委員長佐野学をはじめ幹部以下多数（四〇〇〇人以上）が逮捕され、組織は壊滅的打撃を受けた。

四Hクラブ《よんえっちくらぶ》
昭和二十三年（一九四八）以来、農業改良事業の一環として組織された農村青少年団体。Head, Hands, Heart, Health の四つのH。アメリカに学ぶ。

四大公害《よんだいこうがい》
熊本の水俣病（有機水銀中毒）・富山県のイタイイタイ病（カドミウム中毒）・四日市ぜんそく（大気汚染）・新潟水俣病の四種。第二次大戦後の環境問題を象徴する。

四大財閥《よんだいざいばつ》
三井・三菱・住友・安田財閥。第二次大戦後、分割・解体された。

四　島《よんとう》
北方四島。千島列島の歯舞《はぼまい》・色丹《しこたん》・択捉《えとろふ》・国後《くなしり》島。第二次大戦後、ソビエト連邦（現、ロシア）によって占領された。わが国は返還を求めている。

天保四大家《てんぽうよんたいか》
香川景樹《かがわかげき》（一七六八―一八四三、歌人）、橘 守部《たちばなのもりべ》（一七八一―一八四九、国学者）、平田篤胤《ひらたあつたね》（一七七六―一八四三、国学者）、伴信友《ばんのぶとも》（一七七三―一八四六、国学者）の四人。

【五】

伍《ご》

①律令軍制で、五人を一組としたもの。②古代中国で五戸を一組とした行政上の単位。

五悪《ごあく》

仏教で、殺生《せっしょう》・偸盗《ちゅうとう》・邪淫《じゃいん》・妄語《もうご》・飲酒《いんしゅ》。

五緯《ごい》

木・火・土・金・水の五つの遊星。

五・一五事件《ごいちごじけん》

昭和七年（一九三二）五月十五日、陸・海軍の青年将校らの起こしたテロ事件。海軍士官（一〇人）、陸軍士官候補生（一一人）と民間の右翼（二〇人）が関与。犬養毅首相を暗殺。

五位蔵人《ごいのくろうど》

蔵人所《くろうどどころ》の次官。五位の殿上人《てんじょうびと》の中から三人をえらび任ずる。

五黄《ごおう》

運勢判断でいう九星の一つ。土に属し本位は中央。この星の生まれの者は運気が強いとされ、わが国では五黄の寅《とら》年生まれは気が強いとされる。

五果（菓）《ごか》

李《すもも》・杏《あんず》・棗《なつめ》・桃・栗などの五種の果実。また、儀式・行事の饗饌に用いる五種の果実で、柑・柘・栗・柿・梨。

五稼《ごか》

五穀に同じ。

五戒《ごかい》

在家人《ざいけにん》が守るべき五つの戒め。不殺生戒《ふせっしょうかい》・不偸《ふちゅう》盗戒《とうかい》・不邪淫戒《ふじゃいんかい》・不妄語戒《ふもうごかい》・不飲酒戒《ふいんしゅかい》・優婆塞《うばそこ》戒のこと。五常《ごじょう》。

五街（海）道《ごかいどう》

江戸時代、江戸を起点とする街道。東海道（江戸日本橋―京都三条大橋、五三宿）・中山道《なかせんどう》（江戸日

本橋―京都五条大橋、六七宿）・日光道中（宇都宮―日光、四八宿）・奥州道中（江戸千住―陸奥白河、二七宿）。

五箇国通商条約《ごかこくつうしょうじょうやく》
安政五年（一八五八）日本とアメリカ・オランダ・ロシア・イギリス・フランス五か国との間に結ばれた修好通商条約。

五箇所糸割符仲間《ごかしょいとわっぷなかま》
江戸時代、輸入生糸の独占的購入の特権をもった糸割符商人。慶長九年（一六〇四）に堺・京都・長崎、寛永八年（一六三一）に江戸・大坂が加わった。

五箇商人《ごかしょうにん》
室町時代、琵琶湖西岸の近江今津から若狭小浜に至る九里半街道の交通独占権をもち行商に従った商人団。「五箇」の称の由来については判然としない。享禄元年（一五二八）から得珍保《とくちんのほ》商人との間に激しい相論を生じた。

五箇条の誓文《ごかじょうのせいもん》
明治元年（一八六八）三月十四日京都御所で公布された明治政府当初の方針を示したもの。五か条で、天皇が神に誓う形をとった。「広く会議を興し万機公論に決すべし」「上下心を一にして盛に経綸を行ふべし」「官武一途庶民に至る迄各其志を遂げ人心をして倦まざらしめんことを要す」「旧来の陋習を破り天地の公道に基くべし」「智識を世界に求め大に皇基を振起すべし」

五箇所商人《ごかしょしょうにん》
→五箇所糸割符仲間

五歌仙《ごかせん》
①村上天皇の天暦五年（九五一）、梨壺《なしつぼ》（宮中の昭陽舎）で『後撰和歌集』を選集した五人。大中臣《おおなかとみの》能宣《よしのぶ》・清原元輔《きよはらのもとすけ》・源　順《みなもとのしたごう》・紀時文《きのときふみ》・坂上望《さかのうえのもち》城《き》。②上東門院《じょうとうもんいん》彰子（九八八―一〇七四）に仕え

た五人の女流歌人。赤染衛門《あかぞめえもん》・和泉式部《いずみしきぶ》・紫式部《むらさきしきぶ》・馬内侍《うまのないし》・伊勢大輔《いせのおおすけ》。

五月豆 ごがつまめ

「そらまめ」の異名。

五箇津 ごかのつ

江戸時代の代表的な都会。京都・大坂・江戸・奈良・長崎。

五官 ごかん

神官の神主《かんぬし》・禰宜《ねぎ》・権禰宜《ごんねぎ》・祝《はふり》・権祝《ごんのはふり》。

五貫文制 ごかんもんせい

近世、仙台藩の持高制限令。延宝五年（一六七七）制定の条目二十二か条のひとつ。新田切添地を除き、農民の持高を五貫文（五〇石）に制限した。

五儀 ごぎ

①公・侯・伯・子・男爵。②聖人・賢人・君子・庸人・士人。

五義 ごぎ

人の守るべき道。父の義、母の慈、兄の友、弟の恭、子の孝。

五畿内 ごきない

古代以来の行政区域の中央部。大和・山城・和泉・河内・摂津の五国。

五逆罪 ごぎゃくざい

最も重い五種の罪。母を殺す、父を殺す、阿羅漢を殺す、僧の和合を破る、仏身を傷つけること。これを犯せば無間地獄《むげんじごく》に堕《お》ちる。

五教 ごきょう

儒教で、人の守るべき五つの教え。父子の親・君臣の義・夫婦の別・長幼の序・朋友《ほうゆう》の信（『孟子』）、また父義・母慈・兄友・弟恭・子孝（『春秋左伝』）。

五経 ごきょう

易・書・詩・礼・春秋の五つの経書《けいしょ》。これを講義するのが五経博士。

五　行《ごぎょう》
木・火・土・金・水の五気。陰陽道《おんみょうどう》では運勢判断に用いる。

五紀暦《ごきれき》
中国唐代の暦で、日本では天安元年（八五七）から貞観三年（八六一）まで「大衍暦《たいえんれき》」と併用された。

五　金《ごきん》
金・銀・銅・鉄・錫《すず》の五種の金属。

五具足《ごぐそく》
→いつしようぞく

五　刑《ごけい》
中国古代の刑罰。墨《いれずみ》・劓《はなきり》・剕《あしきり》・宮《きゅう》（去勢）・大《くび》辟《きり》の五種。のち、笞《ち》（むちで打つ）・杖《じょう》（つえで打つ）・徒《ず》（徴役）・流《る》（流罪）・死《し》（死刑）の五種となり、日本の「大宝令」に継受された。

五　賢《ごけん》
中国で、孟子《もうし》・荀子《じゅんし》・揚雄《ようゆう》・王通《おうつう》・韓愈《かんゆ》。

五現業《ごげんぎょう》
郵政・国有林野・印刷・造幣・アルコール専売の国営事業。「三公社」と併称された。現在は、いずれも民営化される。

五弦琵琶《ごげんびわ》
インド起原の楽器。中国を経て日本に伝来した。奈良の正倉院に一面残存している。

五　劫《ごこう》
「劫」はきわめて長い時間のことで、その五倍の、測り知れない長い時間。

五　更《ごこう》
一夜を五分した時刻の名称。一更は二時間の長さ。初夜から五更に至る。第五更は、いまの午前三時～五時。あかへき。

五　港　ごこう
明治維新政府が対外貿易港として開いた五つの港。横浜・神戸・長崎・函館・新潟港。

五公五民　ごこうごみん
江戸時代、年貢の割合を示す。収穫の五割を年貢として納め、五割を農民のものとする。

五香水　ごこうずい
灌仏会《かんぶつえ》で、釈迦《しゃか》誕生像に注ぐ五種の香料を加えた五色の香水。のちに、これが甘茶となった。

五合摺　ごごうずり
一升の籾《もみ》を摺《す》り玄米五合を得ること。

五　穀　ごこく
①米・麦・キビ・アワ・豆。②麻・麦・キビ・アワ・豆、③米・麻・麦・アワ・豆など諸説がある。

五石替　ごこくがえ
近世、貫高《かんだか》・永高《えいだか》を石高《こくだか》に換算するときの定法で、永一貫文を高五石に換算。五石代《だい》。

五言絶句　ごげんぜっく
一句五言で四句から成る漢詩体。

五　座　ござ
能楽の観世《かんぜ》・宝生《ほうしょう》・金春《こんぱる》・金剛《こんごう》・喜多《きた》流。

五　山　ごさん
中世禅宗官寺制度での寺格。京都五山（天龍寺・相国寺《しょうこくじ》・建仁寺・東福寺・万寿寺）と鎌倉五山（建長寺・円覚寺《えんがくじ》・寿福寺・浄智寺・浄妙寺）。

五山版　ござんばん
鎌倉・室町時代に、京・鎌倉の五山や禅宗寺院または仏僧によって出版されたもので、宋刊本・元刊本・明刊本の覆刻本、および宋元版の版式の版本をいう。五山版の最盛期は一四世紀。

五山文学　ござんぶんがく
南北朝期・室町期、京都五山・鎌倉五山の禅僧たちによって生み出された文学。漢文学を中心とする。

五山流 ござんりゅう
室町時代、五山の僧の間で行われた唐様《からよう》の書の流派。

五　師 ごし
南都諸大寺などで寺務をつかさどった役僧。

五　時 ごじ
立春・立夏・大暑・立秋・立冬の季節のかわりめ。

五色の糸 ごしきのいと
青・黄・赤・白・黒の五色の糸を合わせて一本としたもの。浄土教では、臨終のとき阿弥陀仏像の手から自分の手に懸け渡して極楽浄土を念ずる風があった。

五色の賤 ごしきのせん
律令制下、陵戸《りょうこ》・官戸《かんこ》・家人《けにん》・公奴婢《くぬひ》・私奴婢《しぬひ》の五種の賤民。

五日風 ごじつのかぜ
五日に一度風が吹くことで、「五風十雨」といい、時候の順調なこと。

五　舎 ごしゃ
禁裏の女御《にょうご》・更衣《こうい》らの住む五殿舎。昭陽舎《しょうようしゃ》・淑《し》景舎《げいしゃ》・飛香舎《ひぎょうしゃ》・凝華舎《ぎょうかしゃ》・襲芳舎《しほうしゃ》。

五　爵 ごしゃく
公爵《こうしゃく》・侯爵《こうしゃく》・伯爵《はくしゃく》・子爵《ししゃく》・男爵《だんじゃく》の爵位。古代中国の制度に起原。日本では明治十七年（一八八四）に制定され、昭和二十一年（一九四六）廃止されるまで存続した。

五車反故 ごしゃほご
車五台分もの多くの書き損じの紙。ふつう「五車」といえば、車五台分ほどの多くの書籍のこと。『荘子』に出典がある。

五　宗 ごしゅう
①大乗仏教の五宗派で、華厳《けごん》・法相《ほっそう》・三論《さんろん》・倶《ぐ》

舎《しゃ》・成実宗《じょうじつしゅう》、また華厳・法相・三論・律《りつ》・天台《てんだい》宗《しゅう》をいう。②中国の禅宗の五流派。臨済《りんざい》・曹洞《そうとう》・潙仰《いぎょう》・雲門《うんもん》・法眼《ほうげん》。わが国に伝わったのは、臨済と曹洞。

五種競技　ごしゅきょうぎ
陸上競技で、一人の選手が五種目の競技を行い、その総得点を競う。男子は一日のうちに、走り幅跳び、槍投げ、二〇〇メートル競走、円盤投げ、一五〇〇メートル競走を行う。女子は、第一日めに砲丸投げ、走り高跳び、二〇〇メートル競走を、第二日めに八〇メートルハードル競走、走り幅跳びを行う。

五種香　ごしゅこう
五種類の香を刻んで合わせたもので、仏前用に用いる。小田原の虎屋の製品。江戸にも支店があった。香を入れた箱を首から胸に下げて売り歩く行商人（五種香売り）もいた。

五種香供　ごしゅこうとも
年始まわりのお供の者。五種香売りのように首から箱を下げて主人の年始の供をした。

五　常　ごじょう
つねに人が行うべき五つの徳目。仁《じん》・義《ぎ》・礼《れい》・智《ち》（知）・信《しん》。

五常講　ごじょうこう
文政三年（一八二〇）二宮尊徳が小田原地方で創設した金融機関。→五常

五升鍋　ごしょうなべ
江戸時代、路頭で売春を行う夜鷹《よたか》の異称。

五条袈裟　ごじょうのけさ
五条の布を縫《ぬ》い合わせて作った僧衣。

五条内裏　ごじょうのだいり
①五条東洞院殿。六条天皇・高倉天皇・安徳天皇の里内裏の称。②五条大宮内裏。後嵯峨上皇の御所。後深草天皇・亀山天皇の皇居としても用いら

れた。

五条派《ごじょうは》

山城国の平安時代の刀工団。京の五条に住んだので名がある。五条兼永と同国永が代表的な刀工であった。

五常楽《ごじょうらく》

雅楽《ががく》の、四人で舞う平調《ひょうじょう》の曲。唐の太宗が作ったという。

五　寸《ごすん》

①長さの単位一寸の五倍、約一五センチメートル。②江戸中期頃まで、揚代銀五匁の安い局女郎《つぼねじょろう》をいい、同後期、江戸で揚代五〇〇文の安女郎のこと。

五寸釘《ごすんくぎ》

長い大型の釘。本来は曲尺《かねじゃく》五寸（約一五センチメートル）の長さ。これを正《しょう》五寸といい、二寸（約六センチメートル）のものを大五寸、一寸八分（約五・五センチメートル）のものを並《なみ》五寸、一寸五分（約四・五センチメートル）のものを中五寸といった。

五寸模様《ごすんもよう》

衣服の裾《すそ》から五寸（約一五センチメートル）の範囲に模様を書いたもので、一八世紀中頃に流行した。

五　牲《ごせい》

いけにえとする五種の鳥獣。麋《おおしか》・鹿・麕《くじか》・狼・兎。また牛・豕《いのこ》・羊・犬・鶏の五種。

五　星《ごせい》

木星・火星・土星・金星・水星の五つの惑星。

五世王《ごせいおう》

親王から五代めの王。「大宝令」では皇族の範囲外にあった。

五星紅旗《ごせいこうき》

一九四九年十月一日に建国した中華人民共和国の

国旗。タテ・ヨコ二対三比の長方形で紅色。一個の大星を四箇の小星が弧《こ》をなして囲んでいる。星は黄色。

五石の弓　ごせきのゆみ

きわめて強い弓のこと。弓の中央に縄をつけて天井からつるし、弓の両端に米俵などをさげ、強度をはかる。

五　節　ごせち

①五節会の略。正月七日、同十七日、五月五日、七月二十五日、十一月の新嘗会の五節。②五節舞の略。

五節会　ごせちえ

元日・白馬《あおうま》・踏歌《とうか》・端午《たんご》・豊明《とよのあかり》の五つの宴。白馬節会は、正月七日の駒索《こまひき》のあとの宴会。踏歌は、正月宮廷で行われた官人の集団歌舞。端午は五月五日の騎射・宴会。

五節舞　ごせちのまい

豊明《とよのあかり》節会《のせちえ》に行われる少女の舞。公卿・国司らから計四人の未婚の少女を召して舞姫とした。豊明節会は、新嘗祭・大嘗祭のあとに行われる宴会。

五節季　ごせっき

年間に五回ある支払い勘定日。三月三日、五月五日、七月十六日、九月九日のそれぞれの前日と大《おお》晦日《みそか》。

五節供（句）　ごせっく

人日《じんじつ》（正月七日）、上巳《じょうし》（三月三日）、端午《たんご》（五月五日）、七夕《しちせき》（七月七日）、重陽《ちょうよう》（九月九日）をいう。

五摂家　ごせっけ

鎌倉時代以後、摂政・関白に任ぜられる藤原氏の五つの家。近衛《このえ》・九条《くじょう》・二条《にじょう》・一条《いちじょう》・鷹司《たかつかさ》家。

五　臓　ごぞう

漢方でいう人間の内臓五つ。心《しん》・肝《かん》・肺《はい》・腎《じん》・脾《ひ》臓《ぞう》。「五臓六腑《ごぞうろっぷ》」。

〔五摂家〕

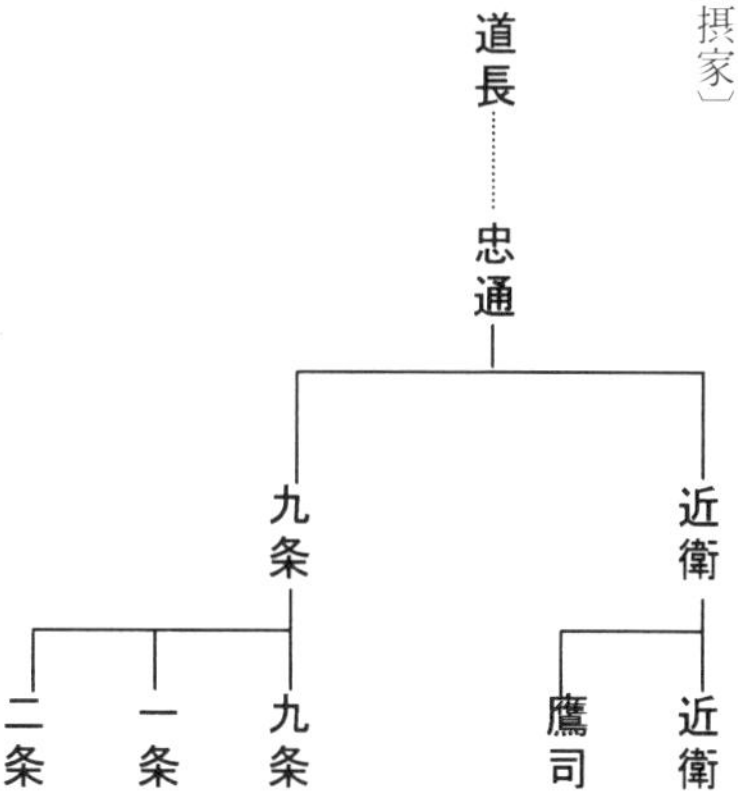

五族共和 ごぞくきょうわ
中国の辛亥革命（一九一一年）当時の民族政策のスローガン。五族は、漢《かん》・満洲《まんしゅう》・蒙古《もうこ》・西蔵《チベット》・回紇《ウイグル》の五民族。

五　体 ごたい
①人間の身体の五つの部分。頭・手・足。②書体。篆《てん》・隷《れい》・真《しん》・行《ぎょう》・草《そう》書の五体。

五　大 ごだい
地・水・火・風・空。

五大銀行 ごだいぎんこう
第二次大戦前、わが国の金融市場で独占的な地位を占めた五銀行―三井・三菱・住友・安田・第一銀行。とくに昭和二年（一九二七）の金融恐慌で巨大化した。

五体投地 ごたいとうち
仏教徒の敬礼法。両膝《ひざ》、ついで両肘《ひじ》を地に着け、合掌して頭を地に着ける敬礼法。

五大夫 ごたいふ
植物「松《まつ》」の異称。中国の秦の始皇帝が泰山に登り雨に降られ、雨宿りした木に五大夫の爵位を授けた故事による。

五大明王 ごだいみょうおう
不動《ふどう》明王《みょうおう》・降三世《ごうざんぜ》・軍荼利《ぐんだり》・大威徳《だいいとく》・金剛夜叉《こんごうやしゃ》明王の五大尊明王。

五大力船《ごだいりきせん》

江戸時代、おもに関東・東北で使われた荷船。一〇〇石~三〇〇石積みで、もとは海船であるが喫《きっ》(吃)水《すい》を浅くして河川航行も可能であった。

五大老《ごたいろう》

豊臣政権下に置かれた職で、徳川家康・前田利家・毛利輝元《もうりてるもと》・宇喜多秀家《うきたひでいえ》・小早川隆景《こばやかわたかかげ》(その死後は上杉景勝)の五人。秀頼の後見役として置いたのであろう。

五手掛《ごてがかり》

江戸時代、重い身分の者や国家的大事など、重要な刑事裁判のために組織された裁判構成。寺社奉行・町奉行・勘定奉行・大目付・目付の合議体で審理する。老中が任命し、評定所で開廷された。

五　徳《ごとく》

①万物組成の五元素。木・火・土・金・水。②温・良・恭・倹・譲の儒教の徳目。③智・信・仁・勇・厳の兵家の徳目。④火鉢や炉の中に釜・鉄瓶《てつびん》・薬罐《やかん》をかける三脚又は四脚の道具で、鉄製又は陶製。

五　泊《ごどまり》

古代の主要な港。河尻《かわじり》・大輪田《おおわだのとまり》泊・魚住《なずみ》泊・室《むろ》泊・韓《から》泊。

五人男《ごにんおとこ》

歌舞伎の河竹黙阿彌「青砥《あおと》稿花紅彩画《ぞうしはなのにしきえ》」(通称「白浪五人男」)盗賊五人。日本駄右衛門・弁天小僧・忠信利平・赤星重三・南郷力丸。

五人組《ごにんぐみ》

江戸時代、庶民の隣保組織。五人組の思想は、第二次大戦までの隣組《となりぐみ》組織として活きていた。

五人組帳《ごにんぐみちょう》

江戸時代、五人組の者のまもるべき法規を列記し、町役人以下五人組員が連署・連判し、違背なきことを誓った帳簿。

五之坪流《ごのつぼりゅう》
近世初頭、近江国五坪の人八木《やぎ》兵庫頭《ひょうごのかみ》にはじまる槍術の流派。

五派《ごは》
①禅宗の、臨済・雲門・曹洞・潙仰《いぎょう》・黄檗《おうばく》の五流派。②真宗の、本願寺・大谷・仏光寺・高田・木《き》辺《べ》の五派。

五馬《ごば》
太守（国守）の異称。太守の車は四頭だてで副馬一頭を加えて五馬。

五番方《ごばんかた》
江戸幕府の、大番・書院番・小姓組番・新番・小十人組の総称。幕府常備軍団の中核であった。

五筆《ごひつ》
両手・両足・口の五本の筆で文字を書くことで、弘法大師が行ったと伝える。また大師のこと。

五比籍《ごひのせき》
五比は、一比六年で三〇年間。律令制下、三〇年を戸籍の保存期間としていた。

五品《ごひん》
歳末の主要輸出品。雑穀・水油・蠟・呉服・生糸。万延元年（一八六〇）五品をいったん江戸の問屋に廻送し、そののち神奈川などへ送る五品江《ごひんえ》戸廻《どまわし》が行われた。

五奉行《ごぶぎょう》
豊臣秀吉の死の直前、慶長三年（一五九八）七月頃、五大老と同時に成立。前田玄以《まえだげんい》・浅野長政《あさのながまさ》・増田長盛《ましたながもり》・石田三成《いしだみつなり》・長束正家《なつかまさいえ》。

五福《ごふく》
人生の五つの幸福。寿命が長いこと、財力の豊かなこと、無病なこと、徳を好むこと、天命を全うすること。

五不動　ごふどう
江戸で、目青・目黄・目赤・目白・目黒不動尊。

五分取　ごぶどり
江戸時代、五公五民の年貢収取のさい、農民の取り分。

五平太　ごへいだ
石炭の異称。五平太は、北九州で最初に石炭を掘り出した人の名という。

五　保　ごほ
律令制下の行政組織の末端。近隣の五戸で構成された。相互検察・逃亡者の検索・口分田の代耕・租調代納などの義務を負った。

五榜の掲示　ごぼうのけいじ
明治元年（一八六八）三月十五日新政府が示した対民衆政策についての五条の太政官の高札《こうさつ》。五条の高札ともいう。

五方引付　ごほうひきつけ
鎌倉幕府で所領関係の訴訟を管轄した引付衆。建長四年（一二五二）三方引付から五方引付に改められた。室町幕府も建武三年（一三三六）に設置。

五　木　ごぼく
江戸時代、領主が伐採を禁じた有用樹。尾張藩の木曽山の桧《ひのき》・椹《さわら》・明桧《あすひ》・欟子《ねずこ》・高野槙《こうやまき》の五種。桑・槐《えんじゅ》・楡《にれ》・柳・楮《こうぞ》をもいう。

五　味　ごみ
①すっぱい、にがい、あまい、からい、しおからいの五味。②牛乳を精製する過程で生ずる五段階の味。乳味《にゅうみ》・酪味《らくみ》・生酥味《しょうそみ》・熟酥味《じゅくそみ》・醍醐《だいご》味の五つ。

五墓日　ごむにち
民間暦での悪日とされる日。木性の人は乙未《きのとひつじ》の日、火性の人は丙戌《ひのえいぬ》の日、土性の人は戊辰《つちのえたつ》の日、金性の人は辛丑《かのとうし》の日、水性の人は壬辰《みずえたつ》の日が悪日に当たる。

五明　ごめい

扇の異称。

五門　ごもん

五摂家*のこと。

五夜　ごや

一夜を五つに分けたものの称。甲夜《こうや》（初更、午後七時—九時）、乙夜《おつ》（二更、午後九時—一一時）、丙夜《へい》（三更、午後一一時—午前一時）、丁夜《てい》（四更、午前一時—三時）、戊夜《ぼ》（五更、午前三時—五時）の五区分。とくに戊夜を指す。

五礼紙　ごらいし

丁重《ていちょう》の意を表するため、上表文に、かけ紙・裏紙・礼紙（二枚）を重ね、さらにその上に一枚紙をかける。

五里外駄賃　ごりがいだちん

江戸時代、年貢の積出し地から五里以上の場合、農民に支払われる運賃。

五流　ごりゅう

能楽のシテ方の流派。観世《かんぜ》・宝生《ほうしょう》・金春《こんぱる》・金剛《こんごう》・喜多《きた》流。

五龍祭　ごりゅうさい

陰陽道における雨乞いの祭法。五龍とは五行《ごぎょう》を神格化したもので、宮龍・角龍・徴龍・商龍・羽龍をいう。京都の神泉苑や禁中で陰陽師によって雨乞いが行われた。

五両一　ごりょういち

五両の貸付に月一分の利息をとること。高利であること。

五稜郭　ごりょうかく

北辺防備のために箱館奉行所が安政四年（一八五七）から築造した洋式城郭。函館市に現存する。五つの突出部（砲台）をもつ星型の平城《ひらじろ》。

五倫《ごりん》

儒教で、対人関係の基本五つの道。父子・君臣・夫婦・長幼・朋友。

五輪《ごりん》

①万物の元素としての、地・水・火・風・空の五つ。②五体。③近代、オリッピック旗に描かれた五つの輪で、アジア・ヨーロッパ・アフリカ・アメリカ・オーストラリアの五大州をあらわす。またオリンピックのことをいう。

五厘金《ごりんきん》

幕末開港後に、長崎・神戸・大阪・横浜の各地で貿易業者に課した商業税。

五輪塔《ごりんとう》

五輪卒都婆《そとば》。方（地）円（水）三角（火）半月（風）団（空）の五つの形の石を下から積みあげた。平安中期ごろ密教ではじまった。

五装束《いつしょうぞく》

五具足とも。室町時代からの用語。武装を充実させるための附属装甲具。必ずしも五種とはかぎらない。

五衵《いつつあこめ》

童女の晴装束。汗衫《かざみ》の下に衵、五衣襲《いつつきぬかさね》、単《ひとえ》、長い重ねの袴《はかま》に表袴《うえのはかま》を着用する。

五緒車《いつつおのくるま》

簾《すだれ》に五条の染革の縁《へり》をつけた牛車《ぎっしゃ》。

五衣《いつつきぬ》

女房装束で、表着（うわぎ）の下、単（ひとえ）の上に重ねて着る内衣（うちきぬ）の重ねの数。襟・袖口・裾口に重ねの色の装飾として多数を競い過差に陥り、しだいに五枚に限定するようになった。

五道具《いつつどうぐ》

江戸時代の大名行列の持道具。槍《やり》・打物《うちもの》（刀剣）・挟箱《はさみばこ》・長柄傘《ながえがさ》・袋入杖《ふくろいれつえ》。

五　物　いつつもの

流鏑馬《やぶさめ》・笠懸《かさがけ》・小笠懸《こがさがけ》・犬追物《いぬおうもの》・歩射《かちゆみ》の五種の射芸。

五　所　いつところ

「ところ」は貴人を敬《うやま》っていう。五人。

五　泊　いつのとまり

播磨国の樫生泊《むろうのとまり》、韓泊、魚住泊《なずみ》、摂津国の大輪田泊、河尻。各泊の間は一日航程。

第五福龍丸事件　だいごふくりゅうまるじけん

昭和二十九年（一九五四）三月、鮪漁船第五福龍丸が南太平洋ビキニ島付近でアメリカの水爆実験の放射能を浴びた事件。無線長久保山愛吉はこれにより死去。第五福龍丸は東京都江東区の夢の島に保存されている。

梨壺五人　なしつぼのごにん

天暦五年（九五一）村上天皇宣旨によって撰和歌所に召された五人。清原元輔《きよはらのもとすけ》・紀時文《きのときふみ》・大中臣能宣《おおなかとみのよしのぶ》・源　順《みなもとのしたごう》・坂上望城《さかのうえのもちき》。『後撰和歌集』の撰進や『万葉集』の訓読が行われた。撰和歌所が昭陽舎（通称梨壺）にあったので。

入唐五家伝　にっとうごけでん

平安時代に入唐した五人の僧の伝記集。延文二年（一三五七）頃、賢宝編。「安祥寺恵運《えうん》伝」「禅林寺僧正（宗叡《そうえい》）伝」「小栗栖律師（常　暁《じょうぎょう》）伝」「真如親王（高岳《たかおか》親王）入唐略記」「霊巌寺和尚（円行）伝」の五部で構成される。

平和五原則　へいわごげんそく

一九五四年四月、中国とインドの間で結ばれたチベット問題についての協定前文に述べられた原則。①領土と主権の相互尊重、②相互不可侵、③内政不干渉、④平等と互恵、⑤平和共存の五原則。その後多くの共同声明や国際会議で承認され、日ソ共同宣言（一九五六年）や日中共同声明（一九七二年）も五原則を基礎としている。

【六】

六義《りくぎ》
①中国古代詩の諸形式。②和歌の六体。そえ歌・かぞえ歌・なずらえ歌・たとえ歌・ただごと歌・いわい歌。③和歌のこと。④書道の六種の法。

六議《りくぎ》
律令制において、刑法上の特典を受けることのできる六種の条件。議親《ぎしん》（皇親、および皇帝の五等以上の親、太皇太后・皇太后の四等以上の親、皇后の三等以上の親）、議故《ぎこ》（天皇に侍見しとくに接遇を蒙ること久しい者）、議賢《ぎけん》（賢人君子）、議能《ぎのう》（大才芸ある者）、議功《ぎこう》（大功勲ある者）、議貴《ぎき》（三位以上の者）。

六藝《りくげい》
礼・楽・射・御（馬術）・書・数の六種。

六合《りくごう》
天地四方、宇宙。「クニ」と訓む。全国土。

六事《りくじ》
人として心がけるべきこと。慈・倹・勤・慎・誠・明。

六出《りくしゅつ》
雪の異称。雪の結晶を花にみたてたもの。

六書《りくしょ》
①漢字の成立・用法に関する六種の区別。象形・指示・会意・形声・転注・仮借。③六体《りくたい》*のこと。

六牲《りくせい》
いけにえに用いた六種の動物。馬・牛・羊・豚・犬・鶏。

六籍《りくせき》
儒学の基本図書。易・詩・書・春秋・礼・楽。経書のこと。

六尺孤 りくせきのこ
幼くして父を失った者。とくに幼君主をいう。六尺は古代中国で約一・三メートル。したがって子どもをいう。

六　体 りくたい
漢字の書体。大篆《たいてん》・小篆《しょうてん》・八分・隷書《れいしょ》・行書《ぎょうしょ》・草書《そうしょ》。

六朝文化 りくちょうぶんか
中国古代、後漢の滅亡から隋の統一に至るまでの間、揚子江流域に興った六王朝、呉・東晋・宋・斉・梁・陳。この時代栄えた貴族文化をいう。わが国の飛鳥《あすか》文化につよい影響を与えた。

六　韜 りくとう
中国の兵法書。周の太公望撰とされるが、現存のものは偽書。「六韜三略」と併称される。↓三略

六　徳 りくとく
人の守るべき徳目。礼・仁・信・義・勇・知。

六　諭 りくゆ
中国の明《みん》の太祖朱元璋《しゅげんしょう》（洪武帝）の六か条の教訓。一三九八年に公布。「孝二順ニス父母ニ一、尊二敬ス長上ヲ一、和二睦《（わぼく）》ス郷里ヲ一、教二訓ス子孫ヲ一、各安ンズ二生理ヲ一、毋《（なか）》レ作《（な）》ス二非為《（ひい）》ヲ一」の六つ。明末の范鉱《はんこう》の『六諭衍義《りくゆえんぎ》』の版本が島津藩から将軍吉宗に献上され、吉宗の命によって室鳩巣《むろきゅうそう》『六諭衍義大意』（一七二二年）や荻生徂徠《おぎゅうそらい》『六諭衍義和解《わげ》』（一七二一年）などが書かれた。手習本として広く普及し、民間の解説本も出版され、江戸後期の民衆道徳教育に大きな影響を与えた。

六　花 りっか
雪の異称。雪の結晶の形から。

六国史 りっこくし
古代の勅撰史書。『日本書紀』（七二〇年）、『続日《しょくに》本紀《ほんぎ》』（七九七年）、『日本後紀』（八四〇年）、『続《しょく》日本後紀』（八六九年）、『日本文徳《もんとく》天皇実録』（八

七九年)、『日本三代実録』(九〇一年)。いずれも編年体で漢文で書かれた。国史の勅撰は、このあと絶え、明治時代の「大日本史料」の編纂で復活する。

六位宿世 ろくいすくせ
六位ほどの身分の低い者としか添えない女の宿縁。

六位蔵人 ろくいのくろうど
蔵人で六位の者。人員はおよそ四人。交替で宮中の雑事に当たり、出勤の日は殿上人待遇で、日下《ひのげ》﨟《ろう》とよばれた。

六衛府 ろくえふ
律令軍制では五衛府(衛門・左右衛士・左右衛府)であったが、のち弘仁二年(八一一)に、左右近衛・左右衛門・左右兵衛府の六府として固定した。

六観音 ろくかんのん
六道で衆生を救う六体の観世音菩薩。→六地蔵

六　座 ろくざ
「六弁」とも。律令官制で、太政官の弁官。左右に分かれ、それぞれ大・中・少弁があり計六人を定員とする。のち権官《ごんかん》を加えて七弁と称する。弁官は、古代律令国家の庶務の中枢を形成し、有能な官人が配置された。したがって、弁官は律令官人の出世コースとみられている。

六斎市 ろくさいいち
月に六回開かれる定期市。一四世紀半ば頃から所見。

六斎日 ろくさいにち
身をつつしみ、持戒清浄なるべき日。毎月の八日・十四日・十五日・二十三日・二十九日・三十日。

六斎念仏 ろくさいねんぶつ
京都や奈良・滋賀・和歌山・福井地方で行われる念仏踊《ねんぶつおどり》。盂蘭盆《うらぼん》、春秋の彼岸《ひがん》、二月の涅槃会《ねはんえ》、十月の十夜などに行われる。毎月の念仏講で行うと

ころもある。六斎日に行われたからという。

六斎早船《ろくさいはやぶね》

江戸時代、利根川中流の高嶋河岸《がし》（現、群馬県館林市）と江戸との間を往復した定期船。毎月の二と七の日、計六回。朝六つ半（七時）に出発して翌日の四つ（一〇時）に江戸小網町《こあみちょう》に着いた快速船。

六　作《ろくさく》

室町後期の著名な能面作者。増阿弥・福来・春若・宝来・千種・三光坊の六人。

六・三制《ろくさんせい》

第二次大戦後の教育改革の一環として昭和二十二年（一九四七）から行われた教育制度。初等教育（小学校）六年、前期中等教育（中学校）三年を義務教育年限とした。中学校は旧制中学校（五年制）に対して「新制中学」と通称された。

六地蔵《ろくじぞう》

六道*にあって衆生《しゅじょう》の苦しみを救うという六種の地蔵菩薩《ぼさつ》。檀陀《せんだ》・宝珠・宝印・持地・除蓋障《じょがいしょう》・日光菩薩。京都市伏見区大善寺の六地蔵は名高い。

六字名号《ろくじのみょうごう》

「南無阿彌陀仏《なむあみだぶつ》」の六字。

六　尺《ろくしゃく》

①曲尺《かねじゃく》では約一・八メートル、鯨尺《くじらじゃく》で約二・三メートルの長さ。②駕籠舁《かごかき》。③賄方、掃除人など雑役人の総称。④造《つくり》酒屋の下働《したばたら》き。

六尺給米《ろくしゃくきゅうまい》

江戸時代の高掛物《たかがかりもの》三役のひとつ。幕府の雑役夫の給米に宛てるため直轄諸村の石高当たりに賦課された。享保六年（一七二一）以降、高一〇〇石について二斗。

六　宗《ろくしゅう》

南都六宗。三論《さんろん》・法相《ほっそう》・華厳《けごん》・律《りつ》・成実《じょうじつ》・倶舎《ぐしゃ》

宗。平安時代以前に伝来し栄えた仏教の宗派（学派）。

六　情　ろくじょう
喜《き》・怒《ど》・哀《あい》・楽《らく》・愛《あい》・憎《ぞう》の感情。

六条院領　ろくじょういんりょう
白河天皇の皇女郁芳門院の六条院をその没後に持仏堂とし、それに附属した所領荘園などをいう。のち持明院統に伝えられた。

六勝寺　ろくしょうじ
院政期、京都白河に建立された御願寺《ごがんじ》（天皇のために祈禱を行う寺）。法勝寺《ほっしょうじ》・尊勝寺《そんしょうじ》・最勝寺《さいしょうじ》・円勝寺《えんしょうじ》・成勝寺《じょうしょうじ》・延勝寺《えんしょうじ》。院の信仰と財力の大きさを示す象徴的建造物。とくに法勝寺の壮大さは著名。ひとつも現存しない。

六条派　ろくじょうは
京都六条の歓喜光寺を本山とする時宗《じしゅう》の一派。聖戒《しょうかい》（一二六一―一三二三）を祖とする。

六時礼讃　ろくじらいさん
毎日、六時（晨朝《じんじょう》・日中・日没《にちもつ》・初夜・中夜・後夜《ごや》）に阿彌陀仏《あみだぶつ》を礼拝《らいはい》し功徳《くどく》をたたえること。

六　親　ろくしん
父・母・兄・弟・妻・子。その他の組合わせもある。親族を指していう。

六　節　ろくせつ
「六斎日」に同じ。

六絶日　ろくぜつにち
「六斎日」に同じ。

六施日　ろくせにち
「六斎日」に同じ。

六　銭　ろくせん
撰銭を認められた粗悪銭六種。大かけ、われ、かたなし、新悪、ころ、なまり銭。

六全協　ろくぜんきょう
昭和三十年（一九五五）七月の、日本共産党第六

回全国協議会の略。それまでの、武装闘争による民族解放民主革命の五一年綱領から脱却。野坂参三《のさかさんぞう》（一八九二―一九九三）が第一書記となった。

六大師 ろくだいし
朝廷から大師号を授けられた僧侶のうち六人。弘法大師（＝空海、七七四―八三五）、伝教大師（＝最澄、七六七―八二二）、慈覚大師（＝円仁、七九四―八六四）、智證大師（＝円珍、八一四―九一）、慈慧《じえ》大師（＝良源、九一二―八五）、円光大師（＝法然、一一三三―一二一二）の六人。

六　畜 ろくちく
馬・牛・羊・犬・豕《ぶた》・鶏。→六牲《りくせい》

六調子 ろくちょうし
雅楽での主要な調子。壹越《いちこつ》、双調《そうじょう》、太食《たいじき》、平調《ひょうぢょう》、盤渉《ばんしき》、黄鐘《おうしき》の六つ。

六　突 ろくづき
①九六文一緡《さし》を一〇〇文として通用させる九六銭《くろくぜに》*のこと。②物事をいい加減にすます。ごまかすこと。

六　道 ろくどう
仏教で、生前の因業によりすべての衆生《しゅじょう》が生死をくり返す六つの迷いの世界。地獄・餓鬼・畜生・阿修羅・人間・天上。→六地蔵《ろくじぞう》

六波羅探題 ろくはらたんだい
承久の変（一二二一年）で京都に攻め上った北条泰時・時房が乱後の処理に当たったのをはじめとする。南方・北方にわかれ、洛中の警護、西国の裁判、朝廷との交渉に当たった鎌倉幕府の重職。

六　部 ろくぶ
六十六部→の略。

六彌太 ろくやた
豆腐《とうふ》のこと。豆腐を女房言葉で「おかべ」というところから。源義経の臣岡部六彌太《おかべのろくやた》にかけていう。

六夜待 ろくやまち
陰暦一月と七月の二十六日の月の出を拝む。彌《み》陀《だ》・観音《かんのん》・勢至《せいし》の三尊が月光に姿をあらわすと信じられた。二十六夜待。

六老僧 ろくろうそう
①日蓮宗で、日昭（一二二一―一三二三）・日朗（一二四五―一三二〇）・日興（一二四六―一三三三）・日向（一二五三―一三一四）・日頂・日持（生没年未詳）の六人。②親鸞上人（一一七三―一二六三）の高弟六人。明光・明空・了海・源海・了源・源誓。

六　仮 ろっか
令制で、官人に与えられた六日ごとに一日の休暇。毎月の六日・十二日・十八日・二十四日・三十日（小の月は二十九日）の六回。

六歌仙 ろっかせん
平安初期、和歌にすぐれ歌仙と称された六人。在《あり》原業平《わらのなりひら》・僧正遍昭《そうじょうへんじょう》・喜撰法師《きせんほうし》・大友黒主《おおとものくろぬし》・文《ふん》屋康秀《やのやすひで》・小野小町《おののこまち》。

六　区 ろっく
東京都台東区浅草の繁華街。浅草公園の一～六の区画の第六区画で、ここに映画館・劇場が集中し、一大庶民芸能センターの観があった。

六　方 ろっぽう
①東西南北と上下。②中世興福寺の寺院制度。本寺内の戌亥《いぬい》・丑寅《うしとら》・辰巳《たつみ》・未申《ひつじさる》の方角名の四集団と寺外の四集団および菩提院方《ぼだいいんかた》・龍花院方《りゅうげいんかた》を加えた組織。末寺組織は六方末寺といわれる。この組織は日常の行政・宗教組織であるが軍事組織にも転化した。

六　法 ろっぽう
①憲法・刑法・民法・商法・刑事訴訟法・民事訴訟法。「六法全書」。②六方とも書き、歌舞伎で、役者が花道から揚げ幕に入るときの所作。手を大

きく振り高く足を踏んで歩く。「六法を踏《ふ》む」

六本木族　ろっぽんぎぞく
東京都港区六本木は、かつては外国大公使館や高級住宅の町であったが、第二次大戦後、モダンなファッション、芸能文化を発信する国際的ムードをもつ町に変身し、ここを拠点とする先端的若者たちを六本木族と称した。

六月祓　みなつきはらえ
六月三十日に行う祓《はらえ》の行事。夏越祓《なごしのはらえ》ともいう。民間で悪疫除去の意を含めて茅輪《ちのわ》くぐりを行い、単に「茅輪くぐり」とも称する。

六日限　むいかかぎり
江戸―大坂間を片道六日で走った早飛脚。六日飛脚。

六日年越　むいかとしこし
正月七日の七日正月に対し、その前日をいう。

六日飛脚　むいかびきゃく
江戸時代前期、江戸と京・大坂間の町飛脚の称。片道六日間かかったので。

六　骨　むつぼね
扇のこと。骨が六本で構成されているので。

奥六郡　おくのろくぐん
古代東北の陸奥国の奥郡。胆沢・江刺・和賀・稗貫・紫波・岩手の六郡。安倍氏が代々奥六郡の司であったが、同氏滅亡後は清原氏が、清原氏滅亡後は奥州藤原氏が支配した。

双　六　すごろく
インドに起こった盤遊戯で、中国を経てわが国に伝来した。二人あい対して、それぞれ黒・白の駒一五箇を並べ、長さ一〇センチメートルの采筒《さいづつ》に入れた二個の采を交互に振り出して、采の目にしたがって駒を進める。賭博《とばく》として行うことが多く、しばしば禁制された。

【七】

七維　しちい
日・月と水・火・木・金・土の五星。

七箇条制誡　しちかじょうせいかい
七箇条起請文ともいう。法然が弟子たちに与えた訓誡。元久元年（一二〇四）十一月七日付。

七官　しちかん
明治元年（一八六八）閏《うるう》四月から同二年七月まで置かれた中央官庁。議政官・行政官・神祇官・会計官・刑法官・軍務官・外国官の七官。

七騎落　しちきおち
能楽の曲名。治承四年（一一八〇）八月、石橋山の合戦で敗れた源頼朝主従が船で房総半島に逃れようとしたが、一行が不吉な八騎なので土肥遠平を除いた七人で落ちのびたという話。

七逆　しちぎゃく
父を殺す、母を殺す、阿羅漢《あらかん》を殺す、衆僧の仏道修業を妨げる、僧に傷害を加える、和尚《わじょう》を殺す、阿闍梨《あじゃり》を殺す。

七卿落　しちきょうおち
文久三年（一八六三）八月十八日、討幕計画に破れて長州に落ちのびた七人の公卿。三条実美《さねとみ》・三条西季知《すえとも》・四条隆謌《たかうた》・東久世通禧《みちとみ》・壬生基修《みぶもとなが》・錦小路頼徳《よりとみ》・沢宣嘉《のぶよし》。

七賢　しちけん
①古代ギリシアで、紀元前六―七世紀のすぐれた統治者。クレオブロス、ペリアンドロス、ピッタコス、ビアス、ターレス、ケイロン、ソロン。②中国春秋時代（前七七〇―前四〇三年）の伯夷《はくい》、叔斉《しゅくせい》、虞仲、夷逸、朱張、柳下恵、少連の七人。③中国晋代《しん》（二八〇―四二〇）の竹林の七賢。嵇《けい》康《こう》、阮籍《げんせき》、阮咸《げんかん》、向秀、劉伶《りゅうれい》、山濤《さんとう》、王戎《おうじゅう》の七人。

七高山 しちこうざん

比叡山《ひえいざん》・比良山《ひらさん》（近江国）・伊吹山《いぶきやま》（美濃国）・愛宕山《あたごやま》（山城国）・神峰山《かぐらやま》（摂津国）・金峰山《きんぶせん》・葛城山《かつらぎやま》（大和国）の七。葛城山のかわりに高野山（紀伊国）を入れる場合も。

七合物 しちごうもの

江戸時代、私領で、米倉の諸費用として、年貢米一石について七合の割合（七パーセント）で徴収した付加税。金納が多かった。

七五三 しちごさん

男子はかぞえどし三歳と五歳、女子は三歳と七歳の十一月十五日に行う祝い。着飾って神社に詣でる。

七五調 しちごちょう

日本の詩歌・韻文で七音の句に五音の句が続いて生ずる韻律。『万葉集』では五七調が多く、『古今和歌集』以後は七五調が多い。

七言絶句 しちごんぜっく

漢詩の詩型の一つ。一句七言、四句より成る詩。

七事式 しちじしき

茶道の修練方式としての七種の式作法。元禄期に制定された。花月《かげつ》、一二三《いちにさん》、廻炭《まわりずみ》、且座《さざ》、廻花《まわりばな》、茶かぶき、員茶《かず》の総称。

七・七禁令 しちしちきんれい

昭和十五年（一九四〇）七月七日に公布された「奢侈品等製造販売制限規則」のこと。

七支刀 しちしとう

奈良県天理市の石上《いそのかみ》神宮が所蔵する古代の鉄剣。刀身の左右に三つ宛枝刃がついているのでこうよばれる。全長七五センチメートル。金象嵌《ぞうがん》の銘文があり、七世紀後半の作。

七　趣 しちしゅ

衆生が死後に赴くところ。地獄・餓鬼・畜生・人・神仙・天・阿修羅。

七出 しちしゅつ

令制で規定された妻を離縁するための条件。子がないこと、淫乱であること、舅《しゅうと》・姑《しゅうとめ》に仕えないこと、多言であること、盗癖があること、嫉妬《しっと》深いこと、悪疾であることで、その一つに該当すれば離縁できた。「七去」とも。

七条院領 しちじょういんりょう

七条院は高倉天皇の後宮殖子。後鳥羽天皇の生母として権勢をもち、多くの荘園を所有した。のち所領の大半は修明門院に譲られた。

七条大宮仏所 しちじょうおおみやぶっしょ

定朝《じょうちょう》（?―一〇五七）の孫院助《いんじょ》（?―一一〇九）にはじまる仏所（工房）。平安末期～鎌倉初期に三条仏所と並ぶ二大仏所のひとつ。仏師に「院《いん》」の字をつけ「院派」ともよばれる。

七条仏所 しちじょうぶっしょ

定朝の子覚助《かくじょ》（?―一〇七七）にはじまる京都仏所。平安末～鎌倉初期に、康慶（生没年未詳）・運慶（?―一二二四）・湛慶《たんけい》（一一七三―一二五六）らの名匠が出た。仏師の名に「慶」字をつける者が多く「慶派」とよばれる。

七星 しちせい

「しちしょう」とも読む。貪狼星《とんろうせい》（子《ね》年生まれ）・巨文《こもん》星（亥《い》年）・祿存《ろくそん》星（寅年、戌年）・文曲星《ぶんきょくせい》（卯年・酉年）・廉貞星《れんていせい》（辰年・申年）・武曲星《ぶきょくせい》（巳年・未年）・破軍星《はぐんせい》（午年）。北斗七星。平安時代、個人の生まれ年と北斗七星のうちの一つに結びつけて占う迷信がはやった。子年生まれは貪狼星（カッコ内の記載）というように、属星《しょくじょう》を定め、朝起きると属星の名を七度唱えたという。

七声 しちせい

中国・日本の音楽用語。一オクターブ内に七音をもつ音階、その音階を構成する七音。七声はほぼ洋楽のド・レ・ミ・ファ・ソ・ラ・シに当たる。

七清華　しちせいが
公家の家格で、摂関家につぐ家柄。大臣・大将を経て太政大臣にまで昇進できる。花山院《かざんいん》・西園寺《さいおんじ》・大炊御門《おおいみかど》・久我《こが》・転法輪《てんほうりん》三条・徳大寺《とくだいじ》・菊亭《きくてい》の七家。のち醍醐《だいご》・広幡《ひろはた》を加えて九家を称した。

七夕　しちせき
七月七日の七夕祭《たなばたまつり》。

七祖　しちそ
各宗の祖師七人。①真言宗の龍猛・龍智・金剛智・不空・善無畏・一行・恵果。②華厳宗の馬鳴《めみょう》・龍樹・杜順・智儼・法蔵・澄観・宗密。③浄土宗の、慧遠・善導・承遠・法照・小康・延寿・省常。④浄土真宗の龍樹・天親・曇鸞《どんらん》・道綽《どうしゃく》・善導・源信・源空。

七僧　しちそう
法会のとき役をつとめる七人の僧。講師《こうじ》・読師《とくし》・呪願師《じゅがんし》・三礼師《さんらいし》・唄師《ばいし》・散華師《さんげし》・堂達《どうたつ》。

七大寺　しちだいじ
南都（奈良）の七寺。東大寺・興福寺・西大寺・元興寺・大安寺・薬師寺・法隆寺。

七哲　しちてつ
茶の湯の千利休の高弟七人。蒲生氏郷《がもううじさと》・高山右近《たかやまうこん》・細川忠興《ほそかわただおき》・芝山監物《しばやまけんもつ》・瀬田掃部《せたかもん》・牧村兵部《まきむらひょうぶ》・古田織部《ふるたおりべ》。

七党　しちとう
平安末期—鎌倉期、武蔵国に存在した七つの武士団の党。武蔵七党。横山・猪俣《いのまた》・野与《のよ》・村山・西・児玉・丹《たん》の七党。また一説に横山・猪俣・村山・児玉・私市《きさい》・西野・丹治《たじみ》の七党をいう。

七頭　しちとう
室町時代、三職（管）に次ぐ家柄の七家。山名・一色・土岐・赤松・京極・上杉・伊勢氏。

七道　しちどう
東海・東山・北陸・山陰・山陽・南海・西海道の

総称。五畿七道。

七堂伽藍　しちどうがらん
寺院の主要な七つの建物。塔・金堂《こんどう》・講堂・鐘《しょう》楼《ろう》・経蔵《きょうぞう》・僧坊・食堂《じきどう》（南都六宗寺院）。仏殿・法堂《はっとう》・僧堂・庫裏《くり》・山門・浴室・東司《とうす》（禅宗寺院）。

七博士事件　しちはかせじけん
明治三十六年（一九〇三）戸水寛人《とみずひろと》・富井政章・金井延《のぶる》・寺尾亨《とおる》・高橋作衛《さくえ》・小野塚喜平次・中村進午《しんご》ら東京帝国大学教授七人が政府に書面を送り、対ロシア開戦を促した事件。主戦論。

七福神　しちふくじん
恵比寿《えびす》・大黒天《だいこくてん》・毘沙門天《びしゃもんてん》・弁財天《べんざいてん》・布袋《ほてい》・福禄寿《ふくろくじゅ》・寿老人《じゅろうじん》の七神。幸福を招く神。

七部集　しちぶしゅう
江戸時代の俳人芭蕉《ばしょう》の俳諧集の代表的な七部の書。「冬の日」「春の日」「曠野《あらの》」「ひさご」「猿蓑《さるみの》」「炭俵」「続猿蓑」。芭蕉七部集。

七分積金　しちぶつみきん
寛政三年（一七九一）老中松平定信によってはじめられた江戸市中の備荒貯蓄。四年分の町入用の節約分四万両の七割を町会所に積立て利殖運用したもの。

七分利付外国公債　しちぶりつきがいこくこうさい
明治維新政府が家禄奉還希望者に現金と秩禄公債を支給したとき、その財源として明治六年（一八七三）にイギリスで発行した公債。総額二四〇万ポンド（約一一七一万円）。明治三十年に完全償還された。

七　辨　しちべん
律令制における太政官の辨官の総称。辨官は太政官の事務局を構成する事務官。有能な人物が任命された。左右大辨・左右中辨・左右少辨と、中辨又は少辨の権官一人を加えた七人。

七本槍 しちほんやり

合戦で功名をたてた七人で、天正十一年(一五八三)羽柴(豊臣)秀吉が柴田勝家を破った賤《しず》ヶ岳《たけ》合戦での七本槍が名高い。加藤清正・福島正則・加藤嘉明《よしあきら》・平野長泰・脇坂安治《わきさかやすはる》・片桐且元《かたぎりかつもと》・糟《かす》屋武則《やたけのり》の七人。

七味唐辛子 しちみとうがらし

唐辛子・胡麻・陳皮《ちんぴ》・けし・菜種《なたね》・麻の実《み》・山《さん》椒《しょう》を砕《くだ》いて混ぜ合わせた香辛料。「なないろとうがらし」とも。

七　湊 しちみなと

越前三国《みくに》・加賀本吉・能登輪島《わじま》・越中岩瀬・越後今市・出羽秋田・津軽十三《とさ》の七港。一七世紀半ば以降の称。

七　夜 しちや

出生後七日めの祝い。平安時代の貴族社会では、出生の当日・三日め・五日め・七日め・九日めの祝いを行い、「うぶやしない(産養)の祝い」と称した。後世には七日めのみとなる。

七　雄 しちゆう

①中国の戦国時代(前四〇三―前二二一年)の七強国。秦《しん》・楚《そ》・燕《えん》・斉《せい》・趙《ちょう》・魏《ぎ》・韓《かん》。②日本の戦国時代の七大名。織田信長・毛利元就・今川義元・武田信玄・上杉謙信・北条氏康・豊臣秀吉。

七　曜 しちよう

日月火水木金土の七曜日。西方起源で中国を経て日本に伝わったものと考えられ、平安時代の具注暦にも記載がある(「御堂関白記」)。日曜の所には「蜜」と書かれるが、これはソグド語の mir を表記したもの。

七曜暦 しちようれき

旧暦時代の天体暦。日・月と五惑星(土・木・火・金・水)の位置、二十四節気《せっき》・朔望《さくぼう》・両弦・日月食の時刻などを記したもの。

七里の渡 しちりのわたし

江戸時代、東海道桑名宿と宮（熱田）宿を結ぶ海上七里の渡海路。「熱田の渡」ともいう。所用時間は六時間。渡し賃は一人四五文。

七里半街道 しちりはんかいどう

越前国敦賀《つるが》から道ノ口—疋田—追分から近江国海津に至る街道。その道のりが七里半あったので。古代以来の主要道路であった。

七里飛脚 しちりひきゃく

江戸時代、名古屋（尾張）・和歌山（紀伊）・川越・松江の各藩が置いた飛脚で、居城から江戸まで七里ごとに脚夫を配置した。七里飛脚は「お七里」と称され、はでな衣裳と、権威をかさにきた横暴で知られた。歌舞伎の「白波五人男」で有名な「日本駄右衛門」（浜島庄兵衛）は、もと尾張藩のお七里であった。

七両二分 しちりょうにぶ

江戸時代、他人の妻と密通した男（間男《まおとこ》という）が謝罪として支払う金額。

七　輪 しちりん

土製のこんろ。物を煮るのに七厘《りん》（江戸時代、一文の百分の七）ほどの炭で足りるので。熱効率が良い。第二次大戦頃までは各家庭でよく用いられた。

七　夕 たなばた

七月七日の夜の牽牛・織女の二星を祀ること。七月七日は節日《せちび》で、文人による賦詩と相撲の行われる日であった。「七夕」の文字は奈良時代からみえるが一〇世紀初頭までは「なぬかの夜」とよばれていた。平安時代には乞巧奠《きっこうでん》と習合した行事となった。

七　歩 ななあゆみ

七歩あるく間に詩をつくること。その才能。中国古代の魏《ぎ》の曹植《ろうしょく》（武帝の子）が七歩あゆむ間に一詩を作ったという故事にもとづく。

七飾 ななかざり

書院の飾り。研屏《けんびょう》（硯のそばに立ててほこりを防ぐ小さい屏風《びょうぶ》）・硯《すずり》・水入れ・軸物《じくもの》・印籠《いんろう》・卦算《けさん》（文鎮）・水瓶《すいびょう》。

七草 ななくさ

①秋の七草。ハギ・オバナ・クズ・ナデシコ・オミナエシ・フジバカマ・アサガオ。②春の七草。セリ・ナズナ・ゴギョウ・ハコベ・ホトケノザ・スズナ・スズシロ。

七種粥 ななくさがゆ

①米・粟・稗《ひえ》・黍《きび》など七種類の物を入れて炊いた粥。正月十五日の粥。のちにはあずき粥となった。
②正月七日の七種の菜を入れた粥。

七口 ななくち

①京都への出入口七か所。室町時代、関が設置された。七口の関。鳥羽口、竹田口、伏見口、粟田口、今道下口、大原口、清蔵口、鞍馬口、長坂口、西七条口、四条大宮口などのうち。特定されない。②鎌倉に入る七つの切通《きりどお》し。名越・朝比奈・巨福呂・亀ケ谷・化粧・大仏・極楽寺。

七転 ななころび

何度かの失敗、人生の浮き沈みをいう言葉。「七《なな》転《ころび》八起《やおき》」といえば、何度失敗しても屈せず起ちあがること。

七瀬の祓え ななせのはらえ（しちらいのはらえ）

古代・中世に、天皇のわざわいを移した人形《ひとがた》を七か所の河海にもたせて行き祓えを行ったこと。大七瀬・霊所七瀬・加茂七瀬など、幾つかの場所があった。これにならって、鎌倉でも由比浜・六浦・江島など七瀬で祓いを行った。

七つ道具 ななつどうぐ

①武具。具足・刀・太刀・弓・矢・母衣《ほろ》・兜《かぶと》の七

つ。②大名行列の道具。槍・長刀《なぎなた》・台笠・立傘・大鳥毛・馬印・挟箱《はさみばこ》。③一般に七種類から成る装身具や調度品をいう。④大工道具のひとそろい。⑤弁慶の七つ道具。源義経の臣とされる武蔵坊弁慶の装備。長刀《なぎなた》・鉞《まさかり》・木槌《きづち》・鋸《のこぎり》・刺股《さすまた》・熊手・撮棒《さいぼう》などなど威風を示す装い。

七つの海 ななつのうみ

南太平洋・北太平洋・南大西洋・北大西洋・南氷洋・北氷洋・インド洋の七大海。全世界の意。

七　星 ななつぼし

北斗七星のこと。

七　紋 ななつもん

羽織や着物につける七つの紋所。背中、両袖の前後、左右の肩の計七か所に紋をつける。

七　屋 ななつや

質屋のこと。「質《しち》」と「七」の音が通じるところからいう。↓一六銀行

七所拵 ななところこしらえ

脇差《わきざし》の縁・頭《かしら》・目貫・折金・栗形・裏瓦《うらがわら》・笄《こうがい》の七種の金具をそろいの図案でつくったもの。

七日正月 なぬかしょうがつ

一月七日の祝い。七種の節供。

七日盆 なぬかぼん

七月七日。お盆行事の初めの日で、墓の掃除・井戸がえ・物洗いなどをする。

七日参 なぬかまいり

神社仏閣へ七日続けて祈願すること。何回も参ることにより願いは成就すると思われた。

七日裏書 なのかうらがき

江戸時代、訴えを受理した証として、奉行所が訴状に施した裏書。受理した日から数えて七日めに被告に奉行所へ出頭するよう命じた文言が記される。

初七日 しょなのか

人の死後、重い忌の明ける七日めの日。またその

日に行う法事のこと。

奥七郡《おくのしちぐん》

平安末期、佐竹氏支配下の常陸国北部の七つの郡。那珂東・那珂西・久慈東・久慈西・佐都東・佐都西・多珂郡の七郡。

【八】

八・一五事件《はちいちごじけん》

昭和二十年（一九四五）八月十五日、戦争継続を主張する陸軍省の中堅将校を中心としたクーデター計画。近衛師団長を殺害し、情報局総裁を軟禁し、終戦の詔書を天皇自らが読んだ録音盤を奪取しようとして失敗した。

八王日《はちおうにち》

立春・春分・立夏・夏至《げし》・立秋・秋分・立冬・冬至《とうじ》のこと。

八虐《はちぎゃく》

古代の律で最も重いとされた八種の罪。謀反《ぼうへん》・謀大逆・謀叛《むほん》・悪逆・不道・大不敬・不孝・不義。

八座《はちざ》

参議の唐名。律令政治で、参議は大臣・納言とともに政治の中枢に居る議政官。

八条院領《はちじょういんりょう》　八条院は鳥羽天皇の皇女暲子《あきこ》。八条院を本所とする皇室領で、母美福門院から譲与された所領および各所から寄進された所領から成る。のち大覚寺統の主要な経済的基盤となる。

八丈絹《はちじょうぎぬ》　一匹の長さが八丈（約二六メートル）の絹織物。

八条流《はちじょうりゅう》　天文年間（一五三二―五五）八条近江守源房繁（小笠民部少輔植盛の門弟）がはじめた馬術の流派。

八代流《はちだいりゅう》　室町将軍足利義政に従った早野泰則入道長楽斉の流れを汲む花道の流派。

八代集《はちだいしゅう》　勅撰和歌集。「古今和歌集」（九〇五年）、「後撰和歌集」（九五一年）、「拾遺和歌集」（九九六年？）、「後拾遺和歌集」（一〇八六年）、「金葉和歌集」（一一二六年）、「詞花和歌集」（一一四一年）、「千載和歌集」（一一八七年）、「新古今和歌集」（一二〇五年）。王朝時代最盛期の和歌を収める。

八　人《はちにん》　「火」の字を分解すると「丷」と「人」になるので、八人とは火のこと。

八人車《はちにんぐるま》　紡《つむぎ》車。ふつうの物よりも八倍も能率があがるという。

八八艦隊《はちはちかんたい》　大正九年（一九二〇）に成立した旧日本海軍の建艦計画。戦艦八隻・巡洋艦八隻を基幹とするもの。但し、大正十年（一九二一）十一月のワシントン（軍縮）会議の結果、中止となった。

八判裏書《はちはんうらがき》　江戸時代、他領他支配関連事件についての訴状には評定所一座（寺社奉行・町奉行・公事方勘定奉行計八人）の裏判を必要とした。その裏判のある訴状。

八部衆 はちぶしゅう

仏法を守護する鬼神衆。天、竜、夜叉《やしゃ》、乾闥婆《けんだつば》、阿修羅《あしゅら》、迦楼羅《かるら》、緊那羅《きんなら》、摩睺羅伽《まごらか》で、半獣半人など異形の神である。

八平氏 はちへいし

関東に居住した桓武平氏の末流八氏。千葉・上総・三浦・土肥・秩父・大庭・梶原・長尾氏。坂《ばん》東《どう》八平氏、武蔵八平氏ともいう。

八　木 はちぼく

①米の異称。「米」字を分解すると「丷」と「木」になるので。②八種の木。松・柏・桑・棗《なつめ》・橘《たちばな》・柘《つげ》・楡《にれ》・竹。

八　幡 はちまん

八幡神、八幡宮の略であるが、「八幡の神かけて（誓う）」とところから、うそ・いつわりのないこと、必ず、是非とも、決しての意に用いる。

八文酒 はちもんざけ

江戸時代、銭八文で立ち飲みする安酒のこと。

八文字屋本 はちもんじやぼん

江戸時代、京都の八文字屋から出版された書物。元禄（一六八八―一七〇四）末から明和（一七六四―七二）にかけて出版された役者評判記・浮世草子、とくに後者を指していう。

八葉車 はちようのくるま

網代《あじろ》車の一種。網代の車箱の表面に、青地に黄で八葉（曜）の丸の文様を散らしたもの。摂関や公卿らに広く用いられた。

八葉の峰 はちようのみね

高野山のことをいう。四方を八つの峯で囲まれているので。

八龍日　はちりゅうにち
陰陽道《おんみょうどう》で、春の甲子《きのえね》と乙亥《きのとい》の日を悪日とし、万事凶という。

八祿時　はちろくじ
陰陽道《おんみょうどう》で、その日の吉とされる時。甲の日の寅の刻、乙の日の卯の刻、丙・戊の日の巳の刻、丁・己の日の午の刻、庚の日の申の刻、辛の日の酉の刻を吉時とする。

八　卦　はっけ
陰と陽を示す三箇の算木《さんぎ》を組合せてできる八種のかたち。占い。卜筮易《ぼくぜいえき》。

八　家　はっけ
入唐《にっとう》八家。空海（高野山）・慧雲（安祥寺）・宗叡（禅林寺）・常暁（法琳寺）・円行（霊巌寺）・最澄・円仁・円珍（比叡山）。平安時代、唐に留学し密教を将来した。

八　景　はっけい
地域で、とくにすぐれた八か所の景色。中国の瀟《しょう》湘《しょう》八景にならったもの。近江八景・南都八景・金沢八景・日本八景・伏見八景・嵯峨八景・明石八景・松島八景など。

八紘一宇　はっこういちう
『日本書紀』の神武天皇紀の「掩㆓八紘㆒而為㆑宇」から出た用語。本来の字義を拡大解釈し、皇威を世界におよぼす意とし、十五年戦争を正当化するスローガンとして称《とな》えられた。

八甲田山遭難事件　はっこうださんそうなんじけん
明治三十五年（一九〇二）青森の歩兵第五連隊の一個中隊が雪中行軍訓練で吹雪に遭い多数の凍死者を出した事件。参加二一〇人中一九九人が死亡した。

八　朔　はっさく
陰暦八月一日。田実《たのむ》の節供。主家や知人に贈物をする風習がある。江戸時代には武家の祝日となり、大名・旗本が登城して将軍に祝辞を述べた。

八　算　はっさん
和算で、一桁《けた》の割算のこと。

八　史　はっし
令制太政官の主典《さかん》の総称。左右の大史（四人）と左右の少史（四人）。

八　州　はっしゅう
①日本国。大八州《おおやしま》。②関東八か国。関八州。相模・武蔵・安房・上総・下総・常陸・上野・下野国。

八宗兼学　はっしゅうけんがく
八宗は、倶舎《ぐしゃ》・成実《じょうじつ》・律《りつ》・法相《ほっそう》・三論《さんろん》・華厳《けごん》・天《てん》台《だい》・真言《しんごん》。八宗の教義をすべて兼ね修める。また、広く万事に通じていること。

八州廻　はっしゅうまわり
江戸時代、関東取締出役《とりしまりしゅつやく》。御料所・私領・寺社領の別なく関八州を廻わり、風儀取締り、犯罪者の逮捕を行った。

八　省　はっしょう
①令制太政官の八つの中央官庁。中務《なかつかさ》・式部《しきぶ》・治《じ》部《ぶ》・民部《みんぶ》・兵部《ひょうぶ》・刑部《ぎょうぶ》・大蔵《おおくら》・宮内《くない》省。②八省院の略称。八省院は朝堂院。宮城の中枢建築で、政務・儀式を行う。

八　将　はっしょう
関東の有力な豪族。千葉・結城《ゆうき》（下総）・里見（安房）・小田《おだ》・佐竹《さたけ》（常陸）・小山《おやま》・宇都宮《うつのみや》・那須《なす》（下野）の各家。

八所御霊　はっしょごりょう
平安時代に、疫病や災いをもたらすとして恐れられた御霊神。崇道《すどう》天皇（早良《さわら》親王）・伊予《いよ》親王・藤原夫人吉子・藤原広嗣・橘逸勢《はやなり》・文室宮田麻呂《ふんやのみやたまろ》・吉備真備《きびのまきび》・菅原道真。またそれをまつった御霊社。

八　専　はっせん
壬子《みずのえね》から癸亥《みずのとい》の日までの一二日間のうち丑《うし》・

辰《たつ》・午《うま》・戌《いぬ》の日（間日《まび》という）を除いた八日をいう。壬子（水水）・甲寅（木木）・乙卯（木木）・下巳（火火）・己未（土土）・庚申（金金）・辛酉（金金）・癸亥（水水）で、上の十干と下の十二支の五行が合う日。一年に六回ある。嫁取り・造作・売買を忌む。

八窓庵 はっそうあん

八個の窓をもつ茶室のこと。もと興福寺大乗院にあって、現在奈良国立博物館に移築。

八丁堀同心 はっちょうぼりどうしん

享保四年（一七一九）町奉行配下の与力・同心の屋敷を八丁堀に集中した。同心の屋敷は一人当たり約百坪で、道路に面した地所は町人に貸し地代を取った。

八 徳 はっとく

仁・義・礼・智・信・忠・孝・悌の八つの徳目。

八品商売 はっぴんしょうばい

江戸で紛失物・盗品吟味のために仲間を結ばせた八種の商売。質屋・古着屋・古鉄屋《ふるがねや》・古鉄買・古道具屋・小道具屋・唐物屋。一〇人ひと組として月行事を置いた。

八方塞 はっぽうふさがり

陰陽道で、どの方向にむかって事をなしても不吉の結果となること。

八重打 やえうち

江戸時代、検地で同じ土地の一部に二重に竿入れすること。二重打。

八重借 やえがり

幾重にも借金が重なること。多重債務。

八 寸 やき

古代・中世に、馬の丈《たけ》をあらわす語。馬の丈が四尺八寸（一・四五メートル）であること。馬の丈は四尺を標準とし、それ以上は「寸」で数える。

八色姓 やくさのかばね
天武十三年（六八四）に定められた八種の姓。真《ま》人《ひと》・朝臣《あそみ》・宿禰《すくね》・忌寸《いみき》・道師《みちのし》・臣《おみ》・連《むらじ》・稲置《いなぎ》。

八衢祭 やちまたまつり
八衢比古神と八衢比売神をまつる。道の分かれるところを掌る神で、魔物の類の侵入を防ぐ神とされている。

八足机 やつあしのつくえ
四対、八本の足のある机。神前に物を供えるために用いる。

八足門 やつあしもん
柱が、前・中・後列に各四本、計一二本ある門。東大寺転害門、法隆寺東大門などはそれ。

八　切 やつぎり
写真の印画紙などの大きさの呼称。一六・五×二一・六センチメートルの寸法。

八　茶 やつちゃ
午後二時頃（八《や》つ時《どき》）たべる間食。小昼。

八　的 やつまと
騎射で、的《まと》を八つ立てて射る。

八目鏑 やつめかぶら
鏑《かぶら》矢《や》の内部を空洞にして多くの窓をあけたもの。大きな音響を発する。

八佾の舞 やつらのまい
雅楽の舞のひとつ。八人ずつ八列、六四人で舞う。「はちいつのまい」とも。天皇の儀式で舞う。

八開手 やひらで
神を拝するとき、かしわ手を八度うつこと。

八尋殿 やひろどの
広大な殿舎のこと。「尋《ひろ》」は人が両手を左右にのばした長さ。

お八つ おやつ
八つ時《どき》のことで、現在の午前・午後二時頃、京都

の本願寺では太鼓を打って知らせた。昼食と夕食の間に食べるのが「おやつ」である。↓八茶《やっちゃ》

永字八法　えいじはっぽう

書道で、「永」の一字で、すべての文字に共通する八種類の筆法を示すものとして教習に用いる。永字八画ともいう。中国後漢の蔡邕《さいよう》（二世紀の人）の考案したものという。

船中八策　せんちゅうはっさく

坂本龍馬の、公議政体論にもとづく国家構想を示したもの。慶応三年（一八六七）六月長崎から京都に向かう途中、船中で坂本が後藤象二郎に示した時務策を長岡謙吉に起草させたもの。この八策にもとづいて後藤は大政奉還論を提起した。

入唐八家　にっとうはっけ

平安時代、唐に留学して密教を学んだ八人の僧。最澄・空海・常暁・円行・円仁・恵運・円珍・宗叡。

【九】

九箇国条約　きゅうかこくじょうやく

大正十一年（一九二二）二月、ワシントン会議で、中国の独立と領土保全の尊重をうたった条約。アメリカ・イギリス・日本・フランス・イタリア・中国・ベルギー・オランダ・ポルトガルの九か国。これにより、中国における特殊権益を主張する日本の立場は否定された。

九華族　きゅうかぞく

久我《こが》・三条・西園寺《さいおんじ》・徳大寺・花山院《かざんいん》・大炊御門《おおいみかど》・菊亭《きくてい》・広幡《ひろはた》・醍醐《だいご》の各家。

九　坎　きゅうかん

単に坎日《かんにち》とも。出行、種蒔、蓋屋を忌む凶日。正月辰《たつ》の日、二月丑《うし》、三月戌《いぬ》、四月未《ひつじ》、五月卯《う》、六月子《ね》、七月酉《とり》、八月午《うま》、九月寅《とら》、十月亥《い》、十一月申《さる》、十二月巳《み》の日をいう。

九牛一毛 きゅうぎゅうのいちもう
たくさんの牛の中の一本の毛で、きわめてわずかなこと。

九　禁 きゅうきん
九重《ここのえ》の禁門で、宮禁に同じ。天子の住まい。宮殿のこと。

九　卿 きゅうけい
公卿《くぎょう》の別称。もと古代中国の九種の高官を指す。

九　五 きゅうご
天子の位。九五の尊。易《えき》から出た語。

九　功 きゅうこう
天子が行うべき九つの善政。六府（水・火・金・木・土・穀）三事（正徳・利用・厚生）。

九　穀 きゅうこく
キビ・モチキビ・モチアワ・稲・麻・大豆・小豆・大麦・小麦の九種。モチアワ・小麦にかえて米・菽《まめ》とする説もある。

九　国 きゅうこく
九州地方の九か国。筑前《ちくぜん》・筑後《ちくご》・豊前《ぶぜん》・豊後《ぶんご》・肥《ひ》前《ぜん》・肥後《ひご》・日向《ひゅうが》・大隅《おおすみ》・薩摩《さつま》。また中国史では、戦国時代の九国。斉・楚・燕・趙・韓・魏・宋・衛・中山。

九　枝 きゅうし
九本の枝をもつ燭台。

九　職 きゅうしき
律令官制のうち、太皇太后宮職・皇太后宮職・皇后宮職・中宮職・春宮職・左京職・右京職・大膳職・修理職。律令官司には、官《かん》・省《しょう》・職《しき》・寮《りょう》・司《し》・監《げん》・署《しょ》・府《ふ》がある。

九枝燈 きゅうしとう
七夕《たなばた》祭のとき供物を置いた台の周囲に燃《も》やす九本の燭台《しょくだい》。

九州攻め きゅうしゅうぜめ
天正十五年（一五八七）の豊臣秀吉による島津氏

征討戦。三月に大軍をひきいて出陣した。三月に島津義久は降伏し、島津一族は薩摩・大隅・日向を安堵された。

九州探題《きゅうしゅうたんだい》 鎮西探題。鎌倉・室町幕府が九州・壱岐・対馬統治のために置いた機関。鎌倉期には大宰府、室町期には博多に置かれた。建治元年（一二七五）モンゴルの襲来に備えて設置。

『九章算術』《きゅうしょうさんじゅつ》 中国最古の算術書。三世紀には完成しており、日本に輸入され、古代・中世の数学の基礎となった。

九　泉《きゅうせん》 人が死後に行く世界。冥土。黄泉。あの世。

九　族《きゅうぞく》 ①父方の親族四、母方の親族三、妻方の親族二から成る。②直系の高祖父から玄孫に至る九代の親族。

九　重《きゅうちょう》 宮中、宮廷。「ここのえ」。

九等戸《きゅうとうこ》 律令の義倉の制度で、穀物の徴収基準として定めた戸の等級。課口（課税対象となる人口）の多少によって、上上戸、上中戸・上下戸・中上戸・中中戸・中下戸・下上戸・下中戸・下下戸に分ける。

九　乳《きゅうにゅう》 鐘の上部にある九つのイボ状の突起。また鐘の異称。

九　嬪《きゅうひん》 中国古代、君主の寝所に侍《はべ》る九人の女官のことで、転じてわが国の後宮の女官のこと。

九　陽《きゅうよう》 太陽のこと。

九　暦　きゅうれき

藤原師輔《もろすけ》の日記。原本は存在せず、抄録本、別記の部類、父忠平の教命の筆録などを存するのみ。延長八年（九三〇）から天徳四年（九六〇）に至る。師輔は九条に住んで九条右大臣と称され、日記が具注暦に書かれているので九暦と称した。『大日本古記録』に収める。

九鬼流　くきりゅう

戦国時代、伊勢地方に強力な水軍を形成した九鬼《くき》嘉隆《よしたか》がはじめた水軍の流派。九鬼水軍は織田信長・豊臣秀吉に仕えて戦功があった。

九虎日　くこにち

陰陽道で、神事・移転・婚礼など諸行事を行うに凶という日。七月・八月・九月の庚子《かのえね》、辛亥《かのとい》の日。

九　献　くこん

杯を三献（三杯）宛三度さす。婚儀での三三九度。

九献事　くこんごと

女房言葉で酒盛りのこと。

九斎市　くさいいち

定期市で、月に九回開かれる市。中世には三斎市・六斎市がふつうであるが、江戸時代になると九斎市も出現する。

九字印　くじいん

修験道に用いる結印と誦文による法で、気迫による所願成就をめざす。悪魔降伏、怨敵退散などを祈る。

九尺二間　くしゃくにけん

間口《まぐち》九尺（約二・七メートル）奥行二間（約三・六メートル）の家。江戸時代、最も狭い、小さい家。粗末な住まい、裏長屋。

九条袈裟　くじょうけさ

布を九幅横に綴り合わせて作った袈裟。九条衣《くじょうえ》。

九条殿　くじょうどの

左京九条所在の邸宅で左の諸邸がある。①藤原師輔邸。九条坊門小路南、町尻小路東。②皇嘉門院聖子御所。東洞院大路以東、九条大路面。もと藤原忠通邸。③藤原兼実邸。この邸宅より更に東にあった。

九条流　くじょうりゅう

藤原師輔《もろすけ》（九〇八―六〇）にはじまる有職《ゆうそく》故実《こじつ》の一流。『九条殿御遺誡』をのこす。

九店物　くたなもの

大坂の二十四組問屋のうち重積《おもづみ》の九品（綿・油・紙・毛綿・薬種・砂糖・鉄・蝋・鰹節）を扱う商人を九店といい、その商品を九店物という。

九戸の乱　くのへのらん

天正十九年（一五九一）陸奥国の九戸政実が起こした乱。当主南部信直に対する反逆であったが、豊臣秀吉の統一政権に対する反乱とみなされ討伐をうけた。

九　曜　くよう

九曜星。日・月・火・水・木・金・土星（＝七曜星）に羅睺《らご》星・計都《けいと》星を加えて称する。陰陽家は人の生年月日を星に配して運命を占った。

九　輪　くりん

空輪・相輪。五重塔などの頂上に、露盤《ろばん》の上の請《うけ》花《ばな》・水煙《すいえん》との間にある九つの輪。

九　重　ここのえ

①古代中国の天子の住まい。禁中、皇居。主城の門が九つ重なっていたので。②帝都。③公家《くげ》のこと。

九日節会　ここのかのせちえ

九月九日の節句。重陽《ちょうよう》。奈良時代から宮廷行事として行われ、天皇が出御し、文人が詩を賦し、酒宴がひらかれ、禄を賜うなど行われた。平安末期には天皇は出御せず臣下に菊酒を賜うだけとなる。

【十】

十戒 じっかい
仏道修行上、守るべき一〇の規律のこと。不殺《ふせっ》生《しょう》・不偸盗《ふちゅうとう》・不淫《ふいん》・不妄語・不飲酒《ふおんじゅ》・不塗飾香鬘・不歌舞観聴・不坐高広状・不非時戒・不畜金銀宝。沙彌十戒。

十干 じっかん
甲《こう》・乙《おつ》・丙《へい》・丁《てい》・戊《ぼ》・己《き》・庚《こう》・辛《しん》・壬《じん》・癸《き》。中国の殷代から一〇日ごとにめぐる日を表示する数詞となった。

十間長屋 じっけんながや
長さ十間（六〇尺・約一八・二メートル）の棟割長屋。間口一間（約一・八二メートル）として区切る粗末な住居。

十国峠 じっこくとうげ
静岡県東部の標高七七四メートルの日金山《ひかねやま》。伊豆・相模・駿河・遠江・甲斐・武蔵・常陸・安房・上総・下総の一〇国を眺望できる。

十師 じっし
大化改新（六四六年）後、衆僧を教導するために設けられた機関。唐の十大徳制に倣ったもの。この制度は永続せず、白雉二年（六五一）以後みえない。

十宗 じっしゅう
わが国で流布した一〇の宗派。三論《さんろん》・成実《じょうじつ》・法《ほっ》相《そう》・倶舎《ぐしゃ》・華厳《けごん》・律《りつ》（以上南都六宗）と天台《てんだい》・真《しん》言《ごん》・禅《ぜん》・浄土《じょうど》の一〇宗。

十州塩田 じっしゅうえんでん
近世・近代、瀬戸内沿岸の、播磨・備前・備中・備後・安芸・周防・長門・阿波・讃岐・伊予の十か国に存在した塩田の総称。

十進法 じっしんほう
記数法の一つ。一〇個の数字を用い、一〇ずつまとめて上の位《くらい》にあげる表わし方。人間の手の指との対応からきたという。

十　刹　じっせつ

「じっさつ」とも。臨済宗の五山に次ぐ寺格をもつ十大寺。①浄妙寺・禅興寺・東勝寺・万寿寺（相模国）・聖福寺（筑前国）・万寿寺・安国寺・真如寺（山城国）・長楽寺（上野国）・万寿寺（豊後国）、②等持院・臨川寺《りんせんじ》・真如寺《しんにょじ》・安国寺・宝幢《ほうどう》寺《じ》・普門寺《ふもんじ》・広覚寺・妙光寺・大徳寺・龍翔寺《りゅうしょうじ》（京都十大寺）、③禅興寺・瑞泉寺《ずいせんじ》・東勝寺・万寿寺・東漸寺《とうぜんじ》・善福寺・大慶寺・興聖寺・法泉寺・長楽寺（鎌倉十大寺）。

十　手　じって

江戸時代、同心・目明《めあか》しらがもっていた道具。長さ一尺五寸（約四五センチメートル）ほどの鉄棒で、手元に鉤《かぎ》がついている。

十　哲　じってつ

①中国の孔子の弟子、孔門の十哲。顔回・閔子騫・冉伯牛・仲弓・宰我・子貢・冉有・子路・子游・子夏。②俳人芭蕉（一六四四―九四）の門弟、蕉門十哲*。③儒者木下順庵（一六二一―九八）の弟子、木門《ぼくもん》の十哲。新井白石・室鳩巣・雨森芳洲・祇園南海・榊原篁洲・南部南山・松浦霞沼・三宅観瀾・服部寛斎・向井三省。

十　徳　じっとく

脇縫いの小素襖《こすおう》（上衣《うわぎ》）。室町将軍に供奉《ぐぶ》する走衆の衣裳。江戸時代には儒者・医者・俳諧師・絵師らの外出着として用いられた。

十徳釜　じっとくがま

茶の十徳を表わす文字を胴の辺りに鋳出した茶釜。

十把一絡　じっぱひとからげ

よい悪い、また種類を問わずひとまとめにすること。また、数は多くても価値のないこと。

十服茶　じっぷくちゃ

闘茶《とうちゃ》で、一〇服の茶を飲み、産地を識別する。南北朝時代にはじまる茶会。

十方暮　じっぽうぐれ

甲申《きのえさる》から癸巳《みずのとみ》までの一〇日間。十方の気がふさがり万事凶という。

十王　じゅうおう

冥土で亡者の罪をただす一〇人の判官。閻魔《えんま》王はその一人。

十月事件　じゅうがつじけん

昭和六年（一九三一）日本陸軍の桜会急進派や大川周明らが満州事変に呼応してクーデターを企てた事件。

十義　じゅうぎ

人の行うべき一〇の道。父慈・子孝・兄良・弟悌・夫義・婦聴・長恵・幼順・君仁・臣忠。

十牛図　じゅうぎゅうず

禅宗の修行生活の過程を、牧童が牛を尋ねるところから家につれ帰るまでの十項目にたとえたもの。牧牛図。中国宋代にはじまり、日本では室町時代さかんに描かれた。

十合枡　じゅうごうます

一合枡一〇杯で一升を量るが、平安時代以降は、八合枡、十三合枡など十進法によらない私枡が多用された。しかし戦国末期からは京都十合枡（京枡）を基準枡とするようになる。

十語五草　じゅうごごそう

「竹取物語」「宇津保物語」「世継」（「大鏡」）、「弥世継」（散佚物語）、「続世継」（「今鏡」）、「増鏡」「栄華物語」「狭衣物語」「水鏡」「伊勢物語」の十物語と、「徒然草」「枕草子」「四季物語」「御飾《おかざり》の記」「御湯殿の記」の五書。

十字街　じゅうじがい
街路が交叉する四辻《よつつじ》のこと。明治期につくられた言葉か。

十字砲火　じゅうじほうか
砲弾が交叉して飛び交うさま。

十上者　じゅうじょうしゃ
一〇回上《たてまつ》るの意。古代、文章生試《もんじょうしょうし》を度々受験し、くりかえし答案を提出した者、すなわちたび重なる落第者をいう。一一世紀初頭には十上者を特別扱いし、成績にかかわらず合格とすることにした。

十禅師　じゅうぜんじ
宮中の内道場に供奉した一〇人の僧。

十善太子　じゅうぜんたいし
天子となるべき太子。

十善の君　じゅうぜんのきみ
天皇、天子のこと。十善の主、十善の位とも。

十善万乗　じゅうぜんばんじょう
天皇の位。十善の徳と万乗の富を兼ね備えている。「乗」は戦車。

十大寺　じゅうだいじ
延暦十七年（七九八）に定められた一〇官寺。大安寺・元興寺《がんごうじ》・弘福寺《ぐふくじ》・薬師寺・興福寺・法隆寺・東大寺・西大寺（以上大和国）・四天王寺（摂津国）・崇福寺《すうふくじ》（近江国）。

十代集　じゅうだいしゅう
「古今和歌集」（九〇五年）、「後撰和歌集」（九五一年）、「拾遺和歌集」（九九六年?）、「後拾遺和歌集」（一〇八六年）、「金葉和歌集」（一一二六年）、「詞花和歌集」（一一四一年）、「千載和歌集」（一一八七年）、「新古今和歌集」（一二〇五年）、「新勅撰和歌集」（一二三五年）、「続後撰和歌集」（一二五一年）の勅撰和歌集。

十人両替《じゅうにんりょうがえ》

江戸時代、大坂で本両替仲間から選ばれ、仲間の取締り、公金の出納、金銀相場の調整、新旧貨幣の交換などに当たった一〇人の大両替屋。寛文十年（一六七〇）に制度化された。十人両替をつとめた者は帯刀を許され家役減免の待遇を受けた。

十目十指《じゅうもくじっし》

一〇人が一〇人、みなそう認めること、意見が一致すること。

十文銭《じゅうもんせん》

江戸時代の通貨宝永通宝のこと。宝永五年（一七〇八）京都七条の銭座で鋳造された。一枚一〇文通用の大形銭。

十勇士《じゅうゆうし》

①出雲国の戦国大名尼子氏の家臣、尼子十勇士。山中鹿介・秋宅庵介・横道兵庫介・早川鮎介・尤道理介・寺本生死介・植田早苗介・深田泥介・藪中荊介・小倉鼠介。②信濃国の戦国大名真田氏の家臣、真田十勇士。穴山小介・海野六郎・筧十蔵・霧隠才蔵・猿飛佐助・根津甚八・三好青海入道・三好伊三入道・望月六郎・由利鎌之介。―いずれも、多分に創作上の人物。或いは小説的な人物像。

十楽の津《じゅうらくのつ》

十楽とは仏教用語で、極楽で味わう十種のよろこびの意。転じて、戦国時代、商人たちの自由な取引の場となった桑名や松阪を十楽の津とよんだ。楽市・楽座の「楽」も同意。

十羅刹女《じゅうらせつにょ》

法華経受持者を護持する一〇人の女。元来は鬼女であったが、のち仏の説法に接して守護神となった。

十里合羽《じゅうりがっぱ》

旅行用・雨天用のかっぱ。

十日夜　とおかんや

十月十日の夜、その日に行われる行事。東日本で、収穫祝い、また田の神送りの行事が行われる。西日本の亥《い》の子《こ》に当たる。

十組問屋　とくみどんや

元禄七年（一六九四）に成立した江戸の問屋仲間の連合体。江戸─大坂間の菱垣廻船《ひがきかいせん》を配下に置き江戸の商品経済を支配した。

小十人　こじゅうにん

江戸時代、将軍の護衛に当たった職。若年寄の支配下にあり、平時は殿中檜の間に勤番、将軍他出のときは先駆をつとめた。二〇人で一組をつくり、元和九年（一六二三）はじめて四組を置き、のち一三組まで増加した。

蕉門十哲　しょうもんじってつ

松尾芭蕉門下のすぐれた一〇人の俳人。榎本其角《きかく》・服部嵐雪《らんせつ》・各務支考《かがみしこう》・森川許六《きょろく》・向井去来《きょらい》・内藤丈草《じょうそう》・志田野坡・越智越人・立花北枝・杉山杉風を挙げることが多い。但し、河合曾良・広瀬惟然・野沢凡兆・山本荷兮・菅沼曲琴を挙げることもある。

【十一】

十一月事件　じゅういちがつじけん

昭和九年（一九三四）十一月、陸軍皇道派の青年将校・士官候補生らがクーデターを企てたとされる事件。

十一面観音　じゅういちめんかんのん

頭部に小さな十一の面相がつけられている観音像。正面と左右に各三面、後部と頭頂に各一面ある。ヒンズー教の神から成立したもので、十一という数にとくに意味はないとされている。大和国の聖林寺《しょうりんじ》の十一面観音像（奈良時代、木心乾漆）、法華寺《ほっけじ》の十一面観音（平安初期、一木造）が有名。

十一宗　じゅういっしゅう

仏教の宗派。倶舎《ぐしゃ》・成実《じょうじつ》・律《りつ》・法相《ほっそう》・三論《さんろん》・華《け》厳《ごん》・真言《しんごん》・天台《てんだい》・禅《ぜん》・浄土《じょうど》・釈論《しゃくろん》宗。

【十二】

十二階　じゅうにかい

聖徳太子が六〇三年に定めた冠位十二階。大徳・小徳・大仁・小仁・大礼・小礼・大信・小信・大義・小義・大智・小智。②明治二十三年（一八九〇）に完成した「凌雲閣」は通称「浅草十二階」。高さ約六六メートルの展望塔。大正十二年（一九二三）九月一日の大地震で崩壊した。

十二宮　じゅうにきゅう

黄道帯を一二等分し、それぞれ近くの星に因み名をつけたもの。白羊宮・金牛宮・双児宮・巨蟹宮・獅子宮・処女宮・天秤宮・天蝎宮・人馬宮・磨羯宮・宝瓶宮・双魚宮。

十二・九運動　じゅうに・きゅううんどう

一九三五年十二月、中国北平（北京）にはじまって中国全土に拡がった学生の抗日運動。日本の華北分離工作に対する抗議運動。

十二支《じゅうにし》

中国古代天文学で、木星が一二年で天を一周する場合の、毎年の木星の位置を示す呼称。子《し》・丑《ちゅう》・寅《いん》・卯《ぼう》・辰《しん》・巳《し》・午《ご》・未《び》・申《しん》・酉《ゆう》・戌《じゅつ》・亥《がい》。日本ではこれを一二種の動物に当てる。ね（鼠）うし（牛）とら（虎）う（兎）たつ（龍）み（巳）うま（馬）ひつじ（羊）さる（猿）とり（鶏）いぬ（犬）い（猪）。ひとまわり一二年で、十干《じっかん》と組合わせて六〇年で一巡する（＝還暦《かんれき》）。

十二司《じゅうにし》

律令官制の後宮十二司。内侍司・蔵司・書司・薬司・兵司・闈司・殿司・掃司・水司・膳司・酒司・縫司。

十二社《じゅうにしゃ》

一〇世紀半ば頃行われた祈雨・止雨のための奉幣対象となった神社。木島《こじま》・乙訓《おとくに》・水主《みずし》・火雷《からい》・恩《おん》

			子	丑	寅	卯	辰	巳	午	未	申	酉	戌	亥
			ね	うし	とら	う	たつ	み	うま	ひつじ	さる	とり	いぬ	い
木	甲	きのえ	1		51		41		31		21		11	
	乙	きのと		2		52		42		32		22		12
火	丙	ひのえ	13		3		53		43		33		23	
	丁	ひのと		14		4		54		44		34		24
土	戊	つちのえ	25		15		5		55		45		35	
	己	つちのと		26		16		6		56		46		36
金	庚	かのえ	37		27		17		7		57		47	
	辛	かのと		38		28		18		8		58		48
水	壬	みずのえ	49		39		29		19		9		59	
	癸	みずのと		50		40		30		20		10		60

智《ち》・平岡《ひらおか》・座摩《いかすり》・生田《いくた》・広田《ひろた》・長田《ながた》・垂水《たるみ》・室生《むろお》龍穴社。

十二辰刻法　じゅうにしんこくほう

一日を一二等分する時法で七世紀前半から採用された。一刻は二時間。

十二神将　じゅうにしんしょう

仏法を守り、薬師経を読む者を守護する。宮毘羅《くびら》(金比羅《こんぴら》)大将・伐折羅《ばさら》大将・迷企羅《めきら》大将・安底羅大将・頞儞羅大将・珊底羅大将・因陀羅《いんだら》大将・波夷羅《はいら》大将・摩虎羅《まこら》大将・真達羅大将・招杜羅大将・毘羯羅《びから》大将。

十二銭　じゅうにせん

古代の鋳造貨幣。皇朝(本朝)十二銭。和同開珎(六八三―七〇八年)・万年通宝(七八〇年)・神功開宝(七六五年)・隆平永宝(七九六年)・富寿神宝(八一八年)・承和昌宝(八三五年)・長年大宝(八四八年)・饒益《しょうえき》神宝(八五九年)・貞観永宝(八七〇年)・寛平大宝(八九〇年)・延喜通宝(九〇七年)・乾元大宝(九五八年)。

十二束　じゅうにそく

「束」は親指を除いた指四本を並べた幅で、両手でつかんで一二をかぞえる長さをいう。またその長さの矢。また「十二束三伏《みつぶせ》」といえば、一二束に指三本の幅を加えた長さ。

十二燈　じゅうにとう

江戸時代、神仏へ一年分の供養として一二本の灯明をあげること。また銭一二文(十二銅)をあげることをいう。十二灯を集めるための信仰組織としての講「十二灯組」なるものがあった。

十二年合戦　じゅうにねんかっせん

前九年の役のこと。この戦いは永承六年(一〇五一)から康平五年(一〇六二)におよんだ。

十二単　じゅうにひとえ

袿《うちぎ》重ねに単と袴をつけた名称。単の上に一二領の桂を重ねた。

十二文《じゅうにもん》

①灯明料や祝儀などに包む金額。「十二銅」とも。
②江戸時代、銚子（酒）一本の代金が一二文だったので、「十二文」といえば、酒を飲む、いっぱいやるの意。

十二門《じゅうにもん》

宮城外郭の一二の門。山《やま》（陽明）、建部《たけるべ》（待賢）、的《いくは》（郁芳《いくほう》）、壬生《みぶ》（美福《びふく》）、大伴《おおとも》（朱雀《すざく》）、若犬養《わかいぬかい》（皇嘉）、玉手《たまて》（談天《だんてん》）、佐伯《さえき》（藻壁《そうへき》）、伊福部《いおきべ》（殷富《いんぷ》）、海犬養《あまいぬかい》（安嘉）、犬養《いぬかい》（偉鑒《いかん》）、丹治比《たじひ》（達智《たっち》）門。一二門は飛鳥板蓋宮《いたぶきのみや》・藤原京から存在が知られる。はじめ、各門を守護する氏族名でよばれたが、弘仁九年（八一八）から唐風の美称（カッコ内の呼称）に改められた。

十二焼《じゅうにやき》

東北地方で、豆・栗・小餅など一二箇をいろりの灰に並べ、その焼け具合で、その年の天候や豊凶を占う。

十二律《じゅうにりつ》

雅楽に用いられた十二音。一オクターブの間を一律（半音）の差で一二に分けたものをいう。

【十三】

十三階段《じゅうさんかいだん》

絞首台の異称。台上まで一三の階段がある。

十三鉄漿《じゅうさんがね》

女子が一三歳になると、成人のしるしとして鉄《てつ》漿《しょう》(おはぐろ)をつけて歯を黒く染めた。

十三史《じゅうさんし》

中国の、「史記」・「漢書」・「後漢書」・「三国志」・「晋書」・「宋書」・「斉書」・「梁書」・「陳書」・「魏書」・「北斉書」・「周書」・「隋書」の一三種の史書。

十三代集《じゅうさんだいしゅう》

二十一代集からはじめの八代集を除いた一三の勅撰和歌集。「新勅撰和歌集」「続後撰和歌集」「続古今和歌集」「続拾遺和歌集」「新後撰和歌集」「玉葉和歌集」「続千載和歌集」「続後拾遺和歌集」「風雅和歌集」「新千載和歌集」「新拾遺和歌集」「新後拾遺和歌集」「新続古今和歌集」。

十三塚伝説《じゅうさんづかでんせつ》

一三の小さい塚が並んでいるのに関して、それを説明する伝説。村境や峠などに多い。

十三仏《じゅうさんぶつ》

不動・釈迦・文殊《もんじゅ》・普賢《ふげん》・地蔵・弥勒《みろく》・薬師・観音・勢至《せいし》・阿弥陀《あみだ》・阿閦《あしゅく》・大日《だいにち》・虚空蔵《こくぞう》。

十三参り《じゅうさんまいり》

陰暦三月十三日、一三歳の少年・少女が知恵・福徳を授かるため嵯峨の法輪寺虚空蔵菩薩《こくぞうぼさつ》にお参りする行事。江戸時代後期にはじまる。江戸の七五三に匹敵する。

十三門跡《じゅうさんもんぜき》

輪王寺《りんのうじ》・妙法院・聖護院《しょうごいん》・照高院・青蓮院・梶井宮(三千院)・曼殊院《まんしゅいん》・毘沙門堂《びしゃもんどう》・円満院・仁和寺《にんなじ》・大覚寺・勧修寺・智恩院。

十三夜　じゅうさんや
陰暦十三日の夜、とくに九月十三日の夜。八月十五夜に次いで月が美しい夜とされ、月見の宴が催された。

十三屋　じゅうさんや
櫛《くし》屋のこと。「九《く》」と「四《し》」を足して十三になるので。

十三里　じゅうさんり
①江戸から鎌倉までの距離をいう。②さつまいも、焼芋《やきいも》のこと。「栗（九里）より（四里）うまい十三里」のしゃれから。

十三湊　とさみなと
本州の北端、津軽岩木川河口の十三潟《じゅうさんがた》に開けた港湾都市。鎌倉時代に安藤氏の拠点として発展した。一五世紀後半に衰えた。

【十四】

十四事　じゅうしじ
江戸時代に重んじられた武芸。射（ゆみい）・騎（うまのり）・棒・刀・抜刀（いあい）・撃剣（けんじゅつ）・薙刀（なぎなた）・鎌・槍・鉄砲・石火箭（いしびや）・火箭（ひや）・捕縛（とりて）・拳（やわら）。

十四日年越　じゅうよっかとしこし
陰暦一月十五日を小正月《こしょうがつ》として祝うところでは、その前日十四日を年越しとして祝う。

【十五】

十五宗《じゅうごしゅう》
倶舎・成実・律・法相・三論・華厳・真言・天台・禅・浄土・大念仏（融通念仏）・一向（真）・時・日蓮・雑宗。

十五大寺《じゅうごだいじ》
①東大・興福・元興・大安・薬師・西大・法隆・新薬師・本元興・招提・西・四天王・崇福・弘福・東寺の十五寺。②東大・興福・元興・大安・薬師・西大・法隆・新薬師・太后・不退・京法華・超昇・招提・宗鏡・弘福寺の十五寺。その他の組合わせもある。

十五日粥《じゅうごにちがゆ》
正月十五日の朝、邪気を払うためにたべる粥で、小豆粥がふつうである。

十五年戦争《じゅうごねんせんそう》
満州事変の起こった昭和六年（一九三一）から敗戦の二十年までの日本の対外戦争の総称。

十五夜《じゅうごや》
陰暦十五日の夜、満月の夜。とくに八月十五日の夜。三五夜ともいう。

【十六】

十六社　じゅうろくしゃ
祈雨《きう》・止雨祈請《しうきしょう》のため勅使奉幣の行われた畿内の大社。伊勢《いせ》・石清水《いわしみず》・賀茂《かも》・松尾《まつのお》・平野《ひらの》・稲荷《いなり》・春日《かすが》・大原野《おおはらの》・石上《いそのかみ》・大和《おおやまと》・大神《おおみわ》・広瀬《ひろせ》・龍田《たった》・住吉《すみよし》・丹生《にう》・貴布禰《きふね》社。

十六善神　じゅうろくぜんしん
般若経《はんにゃきょう》とその受持者を守護する夜叉《やしゃ》大将一六体のこと。

十六武蔵　じゅうろくむさし
親石（黒）一個と子石（白）一六個を盤上に並べて動かし、親が子を取ったり、子が親を囲んで動けなくするなど競《きそ》う遊戯。

十六夜　じゅうろくや
「いざよい」。陰暦十六日の夜、とくに八月十六日の夜。

十六羅漢　じゅうろくらかん
仏の命によってこの世にとどまり正法《しょうぼう》を守護する一六人の阿羅漢《あらかん》。阿羅漢は悟りに達した尊者。

二八そば　にはちそば
うどん粉の多い下等なそば。江戸末期一杯一六文。「二八、十六」で。

【十七】

十七条憲法　じゅうしちじょうけんぽう

六〇四年（推古天皇一二年、一説に六〇五年）に聖徳太子が制定したとされる一七か条の道徳的規範。「和を以て貴《とうと》しと為《な》し、忤《さか》うることなきを宗《むね》となせ」「篤《あつ》く三宝を敬《うやま》え、三宝とは仏法僧なり」「詔《みことのり》を承けては必ず謹《つつし》め」など。

十七殿　じゅうしちでん

内裏の殿舎。紫宸殿《ししんでん》・仁寿《じじゅう》殿・承香《じょうきょう》殿・常寧《じょうねい》殿・貞観《じょうがん》殿・春興《しゅんきょう》殿・宜陽《ぎよう》殿・綾綺《りょうき》殿・温明《うんめい》殿・麗景《れいきょう》殿・宣耀《せんよう》殿・安福《あんぷく》殿・校書《きょうしょ》殿・清涼《せいりょう》殿・後涼《こうりょう》殿・弘徽《こき》殿・登花《とうか》殿。

十七文字　じゅうしちもじ

五・七・五の一七文字より成るので発句《ほっく》（俳句）のことをいう。

十七夜　じゅうしちや

陰暦八月十七日の月。立待月《たちまちづき》という。

十七屋　じゅうしちや

陰暦十七夜の月を「立待月（たちまち着《つ》き）」というので、飛脚便の「たちまち着き」にかけ、江戸日本橋室町にあった飛脚屋をいう。

【十八】

十八粥 じゅうはちがゆ
元三大師《がんざんだいし》（良源）供養のために陰暦正月十八日に食べるあずき粥。

十八公 じゅうはちこう
「松」の字を分解すると「十」「八」「公」となるので、松の異称とする。

十八国主 じゅうはちこくしゅ
江戸時代の、御三家を除く国持《くにもち》大名。前田家（加賀・能登・越中）、島津家（薩摩・大隅）、伊達家（陸奥）、細川家（肥後）、池田家（備前）、浅野家（安芸）、毛利家（周防・長門）、鍋島家（肥前）、藤堂家（伊賀・伊勢）、蜂須賀家（阿波・淡路）、山内家（土佐）、上杉家（出羽）、黒田家（筑前）、佐竹家（出羽）、有馬家（筑後）、松平家（越前）、松平家（出雲・隠岐）、池田家（因幡・伯耆）。

十八大師 じゅうはちだいし
大師の称号を贈られた一八人の僧。伝教（最澄）、慈覚（円仁）、智証（円珍）、慈慧（良源）、慈摂（真盛）、慈眼（天海―以上天台宗）。弘法（空海）、道興（実慧）、法光（真雅）、本覚（益信）、理源（聖宝）、興教（覚鑁《かくばん》）、月輪（俊芿《しゅんじょう》―以上真言宗）、見真（親鸞）、慧燈（蓮如―以上真宗）、承陽（道元―曹洞宗）、円光（源空―浄土宗）、聖応（良忍―融通念仏宗）。

十八大通 じゅうはちだいつう
江戸時代後期、江戸で豪奢を誇り自ら大通人と称した一群の富裕な商人たち。人数は必ずしも一八人ではない。財力に任せた豪奢奇抜な生活は、さまざまな逸話を残した。

十八日 じゅうはちにち
毎月の観音さまの縁日。江戸浅草の縁日。

十八番《じゅうはちばん》
歌舞伎十八番。最も得意とする芸。おはこ。

十八松平《じゅうはちまつだいら》
松平氏は中世末期、三河国で繁栄した武士の一族で、惣領家は家康のとき徳川と改姓した。家康以前に成立していた松平庶家の総称。

十八史略《じゅうはっしりゃく》
元の曽先之撰の史書（二巻）。十八史、すなわち、「史記」「漢書」「後漢書」「三国志」「晋書」「宋書」「南斉書」「梁書」「陳書」「後魏書」「北斉書」「周書」「隋書」「南史」「北史」「唐書」「五代史」の一七史と宋関係史料から記述した編年史であるが、逸話風に興味深く書かれている。日本では室町末期から江戸時代に盛んに読まれた。

【十九】

十九布《じゅうくぬの》
一九束（一束は八〇本）の経（たていと）で織った織目の細かい布で、弓袋などに用いた。

十九文下駄《じゅうくもんげた》
江戸で、安物の下駄をいう。吉原下駄ともいう。

十九文屋《じゅうくもんや》
江戸時代、種々の雑貨を一九文均一で売った店。安物店のこと。現代の一〇〇円ショップのごとき。

【二十台】

二十石船　にじっこくぶね

江戸時代、淀川の過書船《かしょせん》。積載量二〇石の荷船。伏見―大坂間を往来した。

二十寮　にじゅうりょう

律令官制において「寮」と称されるもの。大舎人《おおとねり》寮・図書《ずしょ》寮・内蔵《くら》寮・縫殿《ぬいどの》寮・内匠《たくみ》寮・大学寮・雅楽寮・玄蕃《げんば》寮・諸陵寮・主計寮・主税寮・木工《もく》寮・左馬《さめ》寮・右馬《うめ》寮・兵庫《ひょうご》寮・陰陽《おんみょう》寮・主殿《とのも》寮・典薬《てんやく》寮・大炊《おおい》寮・掃部《かにもり》寮・斎宮《さいぐう》寮。

二十山　はたちやま

富士山のこと。『伊勢物語』にある「比叡の山を二十ばかり重ねあげたらん程」の文に拠る。

二十日恵比寿　はつかえびす

①陰暦十月二十日に商家で恵比寿を祭る、その祭礼。②江戸時代はじめから、関西の十日恵比寿に倣って江戸ではじまった正月十日の祭り。

二十日正月　はつかしょうがつ

正月二十日。正月の塩鰤《ぶり》の骨や頭を大根などと一緒に煮たり、団子《だんご》を入れた粥をたべた。骨正月、団子正月ともいう。

二十一寺　にじゅういちじ

京の二十一か寺。広隆・上出雲・常住・珍皇・清水・法観・聖神・東・西・延暦・法性・貞観・極楽・元慶・仁和・下出雲・祇園・法成・鴨神宮・六角堂頂法・佐井寺。朝廷から恒例の読経を依頼された寺。

二十一代集　にじゅういちだいしゅう

「古今和歌集」から「新続古今和歌集」までの二一の勅撰和歌集。「古今和歌集」「後撰和歌集」「拾遺和歌集」「後拾遺和歌集」「金葉和歌集」「詞花和歌集」「千載和歌集」「新古今和歌集」「新勅撰和歌集」「続後撰和歌集」「続古今和歌集」「続拾遺和歌集」「新後撰和歌集」「玉葉和歌集」「続千載和歌集」「続後拾遺和歌集」「風雅和歌集」「新千載和歌集」「新拾遺和歌集」「新後拾遺和歌集」「新続古今和歌集」。

二十一箇条要求《にじゅういっかじょうようきゅう》

大正四年（一九一五）一月、駐華公使日置益が中華民国大総統袁世凱に出した二一か条から成る要求。中国における日本の権益を拡大強化しようとしたもの。

三七日《さんしちにち》

①三×七＝二一。人の死後二一日めに行う仏事のこと。②出産後二一日めに行うお祝い。

二十二社《にじゅうにしゃ》

永保元年（一〇八一）に制定された。国家の重大事に遣使奉幣を受けた二二社。伊勢・石清水《いわしみず》・賀《か》茂《も》（上下）・松尾《まつのお》・平野・稲荷《いなり》・春日《かすが》・大原野《おおはらの》・大神《おおみわ》・石上《いそのかみ》・大倭《おおやまと》・広瀬・龍田・住吉・梅宮・吉田・広田・祇園《ぎおん》・北野・丹生川上《にうかわかみ》・貴船《きふね》・日吉《ひえ》社。

二十三夜《にじゅうさんや》

陰暦で二十三日の夜。その夜の月待《つきまち》行事。講単位で集まり、念仏を唱え飲食して月の出を待ち、月を拝む。二十三夜待。

二十四組問屋《にじゅうしくみどいや》

大坂二十四組問屋。江戸時代、菱垣廻船で江戸へ送る商品（下り物）を扱った問屋。元禄七年（一六九四）江戸十組問屋に対抗して結成された。

二十四節気《にじゅうしせっき》

陰暦で、太陽の黄道上の位置により定めた季節区分。立春・雨水・啓蟄・春分・清明・穀雨・立夏・小満・芒種・夏至・小暑・大暑・立秋・処暑・白露・秋分・寒露・霜降・立冬・小雪・大雪・冬至・小寒・大寒。

二十四輩《にじゅうしはい》
浄土真宗の親鸞の高弟二四人のこと。性信・真仏・順信・乗念・信楽・成然・西念・証性・善性・是信・無為信・善念・信願・定信・道円・入信（穴沢）・念信・入信（八田）・明法・慈善・唯仏・唯信（外森）・唯信（畠谷）・唯円。

二十四次《にじゅうよんつぎ》
日光街道の宿駅。日本橋・千住・草加・越ケ谷・粕壁・杉戸・幸手・栗橋・中田・古河・野木・間々田・小山・新田・小金井・石橋・雀宮・宇都宮・下徳次郎・中徳次郎・上徳次郎・大沢・今市・日光。

二十五騎組《にじゅうごきぐみ》
江戸幕府の、馬上同心二五騎、鉄砲同心一〇〇人より成る鉄砲隊のこと。

二十五史《にじゅうごし》
中国の代表的歴史書。紀伝体の正史。「史記」「漢書」「後漢書」「三国史」「晋書」「宋書」「南斉書」「梁書」「陳書」「魏書」「北斉書」「周書」「隋書」「南史」「北史」「旧唐書」「新唐書」「旧五代史」「新五代史」「宋史」「遼史」「金史」「元史」「明史」「新元史」。なお「清史稿」を加えて二十六史と称することがある。

二十五大寺《にじゅうごだいじ》
東大・興福・元興・大安・薬師・西大・法隆・新薬師・大后・不退・京法華・超証・招提・宗鏡・弘福・崇福・梵釈・檀林・延暦・貞観・元慶・仁和・醍醐・浄福・勧修寺。

二十五菩薩《にじゅうごぼさつ》
観世音・勢至・薬王・薬上・普賢・法自在王・獅子吼・陀羅尼・虚空蔵・徳蔵・宝蔵・金蔵・金剛・山海慧・光明王・華厳王・衆宝王・月光王・日照王・三昧王・定自在王・大自在王・白象王・大威徳王・無辺身。

二十六聖人《にじゅうろくせいじん》
慶長元年（一五九六）豊臣秀吉の弾圧によって長崎ではりつけの刑に処された二六人のキリシタン。フランシスコ会のバテレン（宣教師）三人、イルマン（バテレンの下の宣教師）三人、日本人信徒一七人、イエズス会の日本人イルマン三人。

二十六門《にじゅうろくもん》
江戸城の諸門。竹橋《たけばし》・和田倉《わだくら》・桜田・馬場先《ばばさき》・日《ひ》比谷《びや》・田安《たやす》・半蔵《はんぞう》・清水《しみず》・雉橋《きじばし》・一橋《ひとつばし》・神田橋・常盤橋《ときわばし》・呉服橋《ごふくばし》・数寄屋橋《すきやばし》・鍋島・鍛冶橋《かじばし》・芝口・幸橋・虎・赤坂・四谷・市谷《いちがや》・牛込《うしごめ》・小石川・筋違《すじかい》・浅草橋門。

二十六夜《にじゅうろくや》
陰暦一月と七月の二十六日の夜。月の出るのを待って拝む。二十六夜待《まち》。

二十六夜待《にじゅうろくやまち》
↓六夜《ろくや》待《まち》

二六新報《にろくしんぽう》
明治二十六年（一八九三）秋山定輔によって創刊された日刊新聞。国権主義の風潮に乗ったが経営不振で二年後に休刊、明治三十三年に復刊、昭和十四年（一九三九）廃刊。途中「東京二六新聞」と改称。

二十七明《にじゅうしちあけ》
吉原の遊女が一八歳で住み込み、年季満九年で、二七歳で遊廓を出る。

二十七年テーゼ《にじゅうしちねんてーぜ》
一九二七年（昭和二）七月、日本共産党がコミンテルン（第三インターナショナル）と協議して採択した綱領。中国との戦争に進み行く日本資本主義の矛盾を明らかにし当面の革命の性格を明らかにした。

二十八日様《にじゅうはちにちさま》
親鸞（一一七三―一二六三）の敬称。陰暦十一月二十八日が親鸞の忌日であるから。

二十八部衆 にじゅうはちぶしゅう

千手観音の眷属《けんぞく》で、真言陀羅尼《しんごんだらに》の誦持者《じゅじしゃ》（経を声を出して読み覚える人）を守る二八人の善神。

二十八将 にじゅうはっしょう

徳川家康の功臣二八人。松平康忠・酒井忠次・井伊直政・榊原康政・大須賀康高・大久保忠教・伊奈忠俊・内藤家長・伊奈忠政・大久保忠世・内藤信成・酒井正親・大久保忠佐・米津浄忠・平岩親吉・奥平信昌・本多忠勝・鳥居元忠・菅沼定盈・渡辺守綱・岡部長盛・高木清秀・蜂屋貞次・服部正綱・安藤直次・本多康高・松平伊忠・水野勝成。

【三十台】

三十石船 さんじっこくぶね

米三〇石を積載できる船のことであるが、とくに、江戸時代、淀川《よどがわ》を上下した過書船《かしょ》のことをさしていう。伏見と大坂八軒家《はちけんや》の間を一日二往復した乗合船《のりあいぶね》が名高い。

三十日裏書 さんじゅうにちうらがき

江戸時代、訴訟人によって本目安（本訴状）が裁判所に提出されると、裁判所は被告に対して、三〇日めに裁判所に出頭すべき旨を裏書きする。

三十番神 さんじゅうばんじん

一か月（三〇日）毎日交替の当番で「法華経」を守護する神々のこと。はじめ比叡山北塔で、十二支の日に当てて十二神を選び、のち延久五年（一〇七三）に三十番神に増加した。一日から三十日まで順に、熱田・諏訪・広田・気比・気多・鹿

島・北野・江文・貴船・伊勢・八幡・賀茂・松尾・大原野・春日・平野・大比叡・小比叡・聖真子・客人・八王子・稲荷・住吉・祇園社。

三十振袖　さんじゅうふりそで
三〇歳になって振袖を着るのは年齢不相応であることから、年輩の女性が若づくりすること。また年増《としま》芸者のこと。↓四十島田

法華三十講　ほっけさんじっこう
法華経を講説する法会で三〇日間行う。おもに天台で行う。藤原道長のときにはじまるといい、治安三年（一〇二三）以後恒例となった。唯識三十講・倶舎三十講・三論三十講などもある。

三十一人衆　さんじゅういちにんしゅう
天文十七年（一五四八）京都西陣の織工のうち、室町幕府から「上様御被官」として特権的地位を与えられた大舎座中の三一人。

三十一年テーゼ　さんじゅういちねんテーゼ
昭和六年（一九三一）四月―六月に『赤旗』三九・四一―四四号に発表された日本共産党政治テーゼ草案。「ブルジョア民主主義的任務を広範囲で包含するプロレタリア革命をめざす」というもの。三二年テーゼ*で否定された。

三十一文字　みそひともじ
五・七・五・七・七の三一文字からなる和歌のこと。

三十二年テーゼ　さんじゅうにねんテーゼ
昭和七年（一九三二）五月に発表された日本共産党の綱領。三一年テーゼの社会主義革命論を否定した。日本の国家権力の中枢である天皇制は、寄生地主とブルジョアジーに立脚するとし、当面の課題はブルジョア民主主義革命であるとした。

三十二文　さんじゅうにもん
①江戸の下等の私娼の玉代。②江戸時代、一人前

三二文の大盛りのソバ。③江戸時代後期の髪結いの代金。

三十三間堂　さんじゅうさんげんどう

京都東山にある天台宗の寺蓮華王院《れんげおういん》。長寛二年（一一六四）後白河法皇の発願で平清盛が創建。柱間《はしらま》が三三ある細長い建物で、一〇〇一体の千手観音像を安置し、五重塔などの建物も造られたが、建長元年（一二四九）の火災で消失した。現在の本堂と千手観音像のほとんどは文永三年（一二六六）再建のものである。江戸初期から「通し矢」が行われて著名である。

三十三所観音　さんじゅうさんしょかんのん

①西国三十三所。青厳渡寺・紀三井寺・粉河寺・槇尾寺・藤井寺・壺坂寺・岡寺・長谷寺・南円堂・三室戸寺・上醍醐寺・岩間寺・石山寺・三井寺・観音寺・清水寺・六波羅寺・頂法寺・行願寺革堂・善峯寺・穴太寺・総持寺・勝尾寺・中山寺・清水寺・法華寺・円教寺・成相寺・松尾寺・宝厳寺・長命寺・観音寺・華厳寺。②関東（坂東）三十三所。杉本寺・岩殿寺・安養院・長谷寺（鎌倉）・勝福寺・長谷寺（厚木）・光明寺・星谷寺・慈光寺・正法寺・安楽寺・慈恩寺・浅草寺・弘明寺・長谷寺（群馬）・水沢寺・満願寺・中禅寺・大谷寺・西明寺・日輪寺・佐竹寺・正福寺・楽法寺・大御堂・清瀧寺・円福寺・龍正院・千葉寺・高蔵寺・笠森寺・清水寺・那古寺。—三三の観音霊場を巡礼する習いは畿内にはじまり、中世に巡礼が盛んになると各地に起こり、洛陽三十三所、江戸三十三所、大坂三十三所なども出現した。

三十四次　さんじゅうよんつぎ

甲州街道の宿駅。日本橋・内藤新宿・下高井戸・上高井戸・調布五宿・府中・日野・八王子・駒木野・小仏・小原・与瀬・吉野・関野・上野原・鶴川・野田尻・犬目・下鳥沢・鳥沢・猿橋・駒橋・

大月・下花咲・上花咲・白野・阿弥陀海道・黒野田・駒飼・鶴瀬・勝沼・栗原・石和・甲府。

三十五日 さんじゅうごにち
人の死後三五日めの忌日で、またその日に行う仏事をさしていう。

三五ミリ さんじゅうごみり
ミリはミリメートル millimeter の略。三五ミリメートル幅のフィルム、またこのサイズのフィルムを使うカメラ、映画、撮影機のこと。

三十六歌仙 さんじゅうろっかせん
藤原公任《きんとう》（九六六―一〇四一）が撰んだ三六人の歌人。柿本人麻呂・紀貫之《きのつらゆき》・凡河内躬恒《おおしこうちのみつね》・伊勢・大伴家持・山部赤人・在原業平・僧正遍昭《へんじょう》・素《そ》性《せい》法師・紀友則・猿丸大夫・小野小町・藤原兼輔・藤原朝忠・藤原敦忠・藤原高光・源公忠・壬《み》生忠岑《ぶのただみね》・斎宮女御・大中臣頼基・藤原敏行・源重之・源宗于《むねゆき》・源信明・藤原仲文・大中臣能宣・壬生忠見・平兼盛・藤原清正・源　順《みなもとのしたごう》・藤原興風・清原元輔・坂上是則・藤原元真・小大君・中《なか》務《つかさ》の三六人。三六人の歌を集めた『三十六人集』が平安後期には成立していた。また、三六人の姿を描いた「三十六歌仙絵」もある。

三十六計 さんじゅうろっけい
古代中国の兵法上の、さまざまなはかりごと、かけひきなど三六策をいう。「三十六計逃げるに如《し》かず」とは、あれこれ策を考え迷うよりは、逃げるが勝ということ。

三十六俵 さんじゅうろっぴょう
相撲の土俵のこと。昭和六年（一九三一）以前、土俵は直径一三尺で、三六の俵でつくられていた。

三十六峯 さんじゅうろっぽう
多くの峯をもった山。京都の東山をさす。

三十八文店 さんじゅうはちもんみせ

文化六年（一八〇九）頃から江戸で流行した、小間物を三八文均一で売る露店《ろてん》。橋のたもと、四つ辻や祭礼の場に出店した。

三　八 さんぱち

①江戸時代、太夫と天神の間に位いする遊女。玉《ぎょく》代《だい》三八匁に由来する。②草履《ぞうり》取《と》り、下男の俗称。③毎月の三と八に当たる日。

三八式歩兵銃 さんぱちしきほへいじゅう

明治三十八年（一九〇五）に採用された旧日本陸軍の小銃。口径六・五ミリメートル、最大射程四〇〇〇メートル、五連発。昭和二十年（一九四五）の敗戦まで使用された。

【四十台】

四十島田 しじゅうしまだ

女が四〇歳になっても島田髷《まげ》を結うことで、年に不似合いな若づくりをすること。→三十振袖。

四十二 しじゅうに

四二歳は男の厄年《やくどし》。男の厄年は二五歳と四二歳、女の厄年は一九歳と三三歳。男の四二と女の三三は大厄。

四十七士 しじゅうしちし

赤穂義士四七人のこと。元禄十五年（一七〇二）十二月十四日夜から十五日にかけて、主君浅野《あさの》長《なが》矩《のり》の仇を討つため吉《き》良《ら》義央《よしなか》邸に乱入し首を取った。大石良雄（四五歳）・吉田兼亮（六四歳）・原元辰（五六歳）・片岡高房（三七歳）・間瀬正明（六三歳）・小野寺秀和（六一歳）・間《はざま》光延（六九歳）・磯貝正久（二五歳）・堀部金丸（七七歳）・近

松行重（三四歳）・富森《とみのもり》正因（三四歳）・潮田《うしおだ》高教（三五歳）・早水《はやみ》満堯（四〇歳）・赤埴《あかはに》重賢（三五歳）・奥田重盛（五七歳）・矢田助武（二九歳）・大石信清（二七歳）・大石良金（一六歳）・堀部武庸（三四歳）・中村正辰（四八歳）・菅谷《すがや》政利（四四歳）・不破《ふわ》正種（三四歳）・木村貞行（四六歳）・千馬光忠（五一歳）・岡野秀包（二四歳）・貝賀友信（五四歳）・大高忠雄（三二歳）・岡嶋常樹（三八歳）・吉田兼貞（二九歳）・武林隆重（三二歳）・倉橋武幸（三四歳）・間《はざま》光風（二三歳）・村松秀直（六四歳）・杉野次房（二八歳）・勝田武堯（二四歳）・前原定房（四〇歳）・小野寺秀富（二八歳）・間《はざま》光興（二六歳）・奥田行高（二六歳）・矢頭《やとう》教兼（一八歳）・村松高直（二七歳）・間瀬《ませ》正辰（二三歳）・茅野《かやの》常成（三七歳）・横川宗利（三七歳）・三村包常（三七歳）・神崎則休（三八歳）・寺坂信行（三五歳）。寺坂を除く四六人は元禄十六年二月四日切腹した。主君浅野長矩と四七人の墓は東京都港区高輪《たかなわ》の泉岳寺《せんがくじ》にある。

四十八手　しじゅうはって
相撲の勝負をきめる技の種類。寛政五年（一七九三）に定着したが、現在日本相撲協会が決めているきまり手は八十二手。

四十九院　しじゅうくいん
①弥勒菩薩の居所、四九の宮殿のこと。②行基（六六八―七四九）が畿内に建てた四九の寺院。

四十九苗　しじゅうくなえ
籾《もみ》を蒔《ま》いてから四九日めに田植えを行うことを忌《い》み避《さ》ける。人が死んで四九日めに仏事を行うことと関係があるか。

七七日　しちしちにち
七×七＝四九。人の死から四九日め、その法要。

【五十以上】

五十間道　ごじっけんみち

江戸、新吉原の衣紋坂《えもんざか》から大門《おおもん》（入口の門）までの道。両側に引手茶屋（五十間茶屋）や小料理屋があった。

五十戸長　ごじっこちょう（さとおさ）

『萬葉集』で里長《さとおさ》を「五十戸長」と表記している。令制で、五十戸を以て一里とすることから。

五十長　ごじっちょう

古代軍団の制で、兵士五〇人の長。隊正をいう。

五十丁　ごじっちょう

伊勢路のこと。伊勢では五〇丁を一里としたことから、こうよばれた。

五十挺立　ごじっちょうだて

中世末～近世初期に櫓五〇挺を設けた水軍の軍船。全長約六〇尺（約一八メートル）の快速船。

五十歩百歩　ごじっぽひゃっぽ

「五十歩を以て百歩を笑う」の略。戦場で、五十歩逃げた者が百歩逃げた者を笑うの意。ともにたいしたことはない、本質的な違いはないということ。出典は『孟子』。

五十音図　ごじゅうおんず

日本語の基本的な音節を縦五段・横一〇行の枠内に配置したもの。「アイウエオ」。現存する最古の五十音図は一一世紀前期のもの。古くは「五音《ごいん》」とよばれ、一行内の母音の順序や行の排列も、図によって区々《まちまち》であった。

五十日　いか

①誕生五〇日めの祝い。②五十日餅＊の略。

五十日餅　いかのもち

子どもの誕生五〇日めに、子どもの口に含ませる祝いの餅。

五十集《いさば》
魚市場のこと。またその商人、魚問屋・魚仲買をいう。

五十返《いそかえり》
多くの、度々《たびたび》。五十回の意から。

五十路《いそじ》
五十歳。「五十路の夢」といえば、人生五十年の寿命のはかなさのたとえ。

五十代《いそしろ》
律令制下、稲五〇束を収穫できる田の面積。「代」は「頃」とも書く。五〇代＝一段。平安時代には段の下の単位として用いられた。三六〇歩＝一段制では、一代＝七・二歩。

五十間流《いそまりゅう》
京都の五十間氏のはじめた料理の流派。

五十三次《ごじゅうさんつぎ》
江戸時代、江戸日本橋から京都三条大橋に至る東海道に置かれた五三か所の宿駅。「次」は「宿駅」のこと。品川・川崎・神奈川・保土《ほど》ケ谷《や》・戸塚・藤沢・平塚・大磯・小田原・箱根・三島・沼津・原・吉原・蒲原《かんばら》・由比《ゆい》・興津《おきつ》・江尻《えじり》・府中・丸《まり》子《こ》・岡部・藤枝・島田・金谷《かなや》・日坂《にっさか》・掛川《かけがわ》・袋《ふくろ》井《い》・見付《みつけ》・浜松・舞坂《まいさか》・新居《あらい》・白須賀《しらすが》・二川《ふたがわ》・吉田・御油《ごゆ》・赤坂・藤川・岡崎・池鯉鮒《ちりゅう》・鳴海《なるみ》・宮《みや》・桑名・四日市・石薬師《いしやくし》・庄野《しょうの》・亀山・関・坂下・土山・水口《みなくち》・石部・草津・大津。

五十四郡《ごじゅうしぐん》
奥州のこと。南北朝期に、奥州は五四か郡より成るとの通念が成立した。それ以前『延喜式』に拠ると三五か郡。

五十四帖《ごじゅうしじょう》
「源氏物語」のこと。「源氏物語」の帖数は五四。桐壺《きりつぼ》・帚木《ははきぎ》・空蟬《うつせみ》・夕顔《ゆうがお》・若紫《わかむらさき》・末摘花《すえつむはな》・紅葉《もみじの》賀《が》・花宴《はなのえん》・葵《あおい》・榊《さかき》・花散里《はなちるさと》・須磨《すま》・明石《あかし》・澪《みお》

標《つくし》・蓬生《よもぎう》・関屋《せきや》・絵合《えあわせ》・松風《まつかぜ》・薄雲《うすぐも》・朝顔《あさがお》・乙《おと》女《め》・玉鬘《たまかずら》・初音《はつね》・胡蝶《こちょう》・蛍《ほたる》・常夏《とこなつ》・篝火《かがりび》・野《の》分《わき》・行幸《みゆき》・藤袴《ふじばかま》・真木柱《まきばしら》・梅枝《うめがえ》・藤裏葉《ふじのうらば》・若菜《わかな》上・若菜下・柏木《かしわぎ》・横笛《よこぶえ》・鈴虫《すずむし》・夕霧《ゆうぎり》・御法《みのり》・幻《まぼろし》・（雲隠《くもがくれ》）・匂宮《におうのみや》・紅梅《こうばい》・竹河《たけかわ》・橋姫《はしひめ》・椎《しいが》本《もと》・総角《あげまき》・早蕨《さわらび》・宿木《やどりぎ》・東屋《あずまや》・浮舟《うきふね》・蜻蛉《かげろう》・手《て》習《ならい》・夢浮橋《ゆめのうきはし》。

五五年体制　ごじゅうごねんたいせい
昭和三十年（一九五五）秋、保守合同による自民党の成立と、左右両派統一による日本社会党の成立によって二大政党制ができあがった。しかし平成五年（一九九三）自民党が過半数を割り五五年体制は崩れた。

六十帖　ろくじゅうじょう
六〇巻で、『源氏物語』の絵巻数をいう。実際には五四帖であるが、天台三大部六〇巻になぞらえて称する。

六十進法　ろくじゅうしんほう
時間、角度で行われる進法。円周を等分することからはじまった進法で、古代メソポタミアにはじまる。メートル法制定のとき十進法に取り込めなかった。

六十の賀　ろくじゅうのが
六〇歳の祝い。還暦の祝い。十干《じっかん》＊・十二支《じゅうにし》＊を組合わせた干支《えと》は甲子《かっし》から癸亥《きがい》まで六〇でひとめぐりする（→十二支）。すなわち六〇歳でひとめぐり「還暦《かんれき》」である。

六十四文　ろくじゅうしもん
一人前でない間抜けな人。百文のうち六四文ほども母の胎内に置き忘れてきた人の意から、間抜けな智恵の足りない人のこと。

六十六部　ろくじゅうろくぶ
全国の六六か所の霊場に一部ずつ納めてあるく法華経。また納めてあるく行脚僧《あんぎゃそう》のこと。

六十六箇国　ろくじゅうろっかこく
畿内・七道の諸国。全国。六十余州とも。

六十六箇国総追捕使　ろくじゅうろっかこくそうついぶし
文治元年（一一八五）源頼朝は、諸国および郡・郷・荘・保に総追捕使を任命する権限を朝廷から認められた。日本国総追捕使。

六十九次　ろくじゅうきゅうつぎ
中山道《なかせんどう》の宿駅。日本橋・板橋・蕨《わらび》・浦和・大宮・上尾《あげお》・桶川《おけがわ》・鴻巣《こうのす》・熊谷《くまがい》・深谷・本庄・新町・倉賀野《くらがの》・高崎・板鼻《いたはな》・安中《あんなか》・松井田・坂本・軽井沢・沓掛《くつかけ》・追分《おいわけ》・小田井・岩村田・塩名田・八幡・望月・芦田・長久保・和田・下諏訪・塩尻・洗馬・本山・贄川《にえかわ》・奈良井・藪原・宮ノ越・福島・上松《あげまつ》・須原・野尻・三留野・妻籠《つまご》・馬籠《まごめ》・落合・中津川・大井・大久手・細久手・御嶽《おんたけ》・伏見・太田・鵜沼《うぬま》・加納・河渡・美江寺・赤坂・垂井・関ケ原・今須・柏原・醒井《さめがい》・番場《ばんば》・鳥居本・高宮・愛知川《えちがわ》・武佐・守山・草津。

七十の賀　しちじゅうのが
七〇歳の祝い。古稀《こき》。唐代の詩人杜甫《とほ》の詩中の「人生七十古来稀《（まれなり）》」による。

七十一番職人歌合　しちじゅういちばんしょくにんうたあわせ
歌合わせ形式の職人尽絵《つくしえ》。三巻。明応九年（一五〇〇）頃成立との説がある。番匠・鍛冶・壁塗・檜皮葺《ひはだふき》・研《とぎ》・塗士《ぬし》・紺掻・機織等々の職人一四二人を左右に分け、それぞれ、月・恋の和歌を詠《よ》ませ、歌合としたもの。

七十二候　しちじゅうにこう
一年を二四等分して二十四節季《せっき》とするが、一季を更に三等分し三候とする。したがって一年は七二分割され七二候と称する。一候は約五日となる。江戸時代貞享暦《じょうきょうれき》から採用。

七十五日　しちじゅうごにち
①茄子《なす》など、初物《はつもの》を食べると寿命が七五日のびる

という。②「人の噂《うわさ》も七十五日」といい、世間《せけん》の噂も二《ふ》た月半で消える。

七十七の祝い《しちじゅうしちのいわい》
七七歳の長寿の祝い。喜寿《きじゅ》。「喜」の草書体「㐂」が「七十七」にみえるところからいう。

八十挺立《はちじっちょうだて》
左右に八〇挺《ちょう》の櫓《ろ》をたてて走航する船。近世初頭の安宅船《あたけぶね》がこれで、寛永十一年（一六三四）幕府が建造したものは排水量一五〇〇トンにおよぶ。

八十の賀《はちじゅうのが》
八〇歳の長寿の祝い。平安時代の貴族の間で行われていた。

八十島祭《やそしままつり》
天皇の即位後、大嘗会の翌年、吉日をえらび摂津難波に勅使を遣わし海に臨んで諸神を祭り世の安泰を祈った。

八十伴緒《やそとものお》
古代宮廷に仕える官人の集団の称。大王に近侍する殿守《とのもり》・水取《もいとり》・膳夫《かしわで》・犬養《いぬかい》などの伴《とも》とその統率者の総称。

九九《くく》
一から九までの整数の掛算《かけざん》表。「九九八十一」からはじまるので。江戸時代に入ると「一一が一」「二二が四」から唱えるようになる。

八十八の祝い《はちじゅうはちのいわい》
八八歳の長寿の祝い。八十八→米で、米寿《べいじゅ》という。

八十八夜《はちじゅうはちや》
立春から八十八日めの日。太陽暦では五月二日頃。この頃が霜の降る最後になるので、「八十八夜の忘れ霜」などという。また種蒔きの季節。

八十八か所《はちじゅうはっかしょ》
四国巡礼の八八寺。霊山寺・極楽寺・金泉寺・大日寺・地蔵寺・安楽寺・十薬寺・熊谷寺・法輪寺・切幡寺・藤井寺・焼山寺・一ノ宮寺・常楽寺・国分寺・観音寺・井戸寺・恩山寺・立江寺・鶴林寺・太龍寺・平等寺・薬王寺（以上阿波国）東寺・津寺・西寺・神峰寺・大日寺・国分寺・善楽寺・竹林寺・禅師峰寺・高福寺（＝雪蹊寺）種間寺・清瀧寺・青龍寺・岩本寺・金剛福寺・延光寺（以上土佐国）観自在寺・龍光寺・仏木寺・明石寺・大宝寺・岩屋寺・浄瑠璃寺・八坂寺・西林寺・浄土寺・繁多寺・石手寺・太山寺・円明寺・延命寺・南光坊・泰山寺・栄福寺・仙遊寺・国分寺・横峰寺・香園寺・宝寿寺・吉祥寺・前神寺・三角寺（以上伊予国）雲辺寺・大興寺・琴弾八幡（＝神恵院）観音寺・本山寺・弥谷寺・曼荼羅寺・出釈迦寺・甲山寺・善通寺・金倉寺・道隆寺・道場寺（＝郷照寺）高照院・国分寺・白峰寺・根香寺・一宮寺・屋島寺・八栗寺・志度寺・長尾寺・大窪寺（以上讃岐国）。

九十川《くじゅうがわ》
江戸時代、水量がふえたとき、肩車で九〇文の渡し賃を取ったので、大井川・天龍川をこうよぶ。

九十の祝い《くじゅうのいわい》
九〇歳の長寿の祝い。卒寿《そつじゅ》。「卒」の俗字が「卆」で「九」と「十」から成るから。「卒」字は元来亡くなる意で、めでたい意味はまったくない。

九六銭《くろくぜに》
江戸時代、銭九六枚を「さし」（緡）に貫き一〇〇文として通用させた。省百《せいひゃく》。→六突《ろくづき》

九十九大久保《くじゅうくおおくぼ》
江戸時代、諸侯・旗本に大久保姓の多かったことをいう。「九十九大久保百本多水野」と称する。

九十九王子《くじゅうくおうじ》
淀川尻の窪津から那智社まで多くの王子（熊野権現の末社）があるので。「九十九」は数の多いことをいう。

九十九の祝い くじゅうくのいわい

九九歳の長寿の祝い。白寿《はくじゅ》。「百」から「一」を除くと「白」となるところから。

九十九里浜 くじゅうくりはま

千葉県北東部の砂浜海岸。六町＝一里とし、九九里ある。地曳網や海水浴で名高い。

九分九厘 くぶくりん

九九パーセント、ほぼ完全に近い状態。

九十九折 つづらおり

①くねくねと折れ曲っている坂道。③馬術で、坂道を登るとき馬をジグザグに歩かせること。

【百以上】

百韻連歌 ひゃくいんれんが

百句で一巻が成り立っている連歌。長享二年（一四八八）の、宗祇・肖柏・宗長による「水無瀬三吟百韻」が名高い。

百　王 ひゃくおう

代々の王、天皇。

百王説 ひゃくおうせつ

天皇は百代で尽きるという歴史思想で、平安末からひろまった。

百　刈 ひゃくがり

稲束《いなたば》一〇把を一刈《ひとかり》とし、その一〇〇倍の収穫のある田の面積。約一段歩に当たるが、地域により差がある。

百　緡 ひゃくざし

一文銭一〇〇枚を緡《さし》に通したもの。実際には九六枚で百文に通用した。

百桟敷 ひゃくさじき

料金百文の芝居の桟敷。江戸時代、正面二階桟敷の最後方の席。俗に追込《おいこみ》、大向《おおむこう》という。

百座仁王講 ひゃくざのにんのうこう

一〇〇人の僧を招いて仁王経を講説する。災害をはらい、福をもたらすという。

百座祓 ひゃくざのはらえ

百度の祓。神前で中臣の祓詞を一〇〇度唱える。

百社参 ひゃくしゃまいり

百か所の社寺を参詣してまわる。千社参りもある。

百首歌 ひゃくしゅうた

一人でまとめて千首の歌を詠むもので、平安中期の曽禰好忠《そねのよしただ》・源 重之《みなもとのしげゆき》らにはじまる。平安末期には一人百首数人集まって詠む「堀河百首」のような形式のものが流行した。

百獣の王 ひゃくじゅうのおう

獅子、ライオンのこと。多くの獣のうち最強。

百　姓 ひゃくしょう

古くは「ひゃくせい」と読み、皇族以外の一般有姓者の総称。したがって「百姓」＝「農民」ではなかったが、中世、田畠を耕作し年貢・公事納入の責《せめ》を負う者の称となり、江戸時代には士・農・工・商と称され、身分呼称となった。

百尺竿頭 ひゃくせきかんとう

百尺（約三〇メートル）の竿の先端。ひとつの到達点であるが、そこから更に向上の一歩を進める意で「百尺竿頭一歩を進む」という。

百　蔵 ひゃくぞう

江戸時代、新吉原の河岸にあった切見世の最下等の遊女。玉代が百文だったので。

百艘船 ひゃくそうぶね

諸役免除の特権を与えられて琵琶湖の湖上運輸に

あった船団。江戸時代初期が活動の最盛期であった。

百代過客　ひゃくだいのかかく

「はくたい」とも読む。永遠に歩き続ける旅人。歳月の過ぎ去るのを旅人にたとえる。中国の李白の詩に出典があり、わが国では松尾芭蕉の「奥の細道」の冒頭の「月日は百代《はくたい》の過客にして」の文章が名高い。

百度石　ひゃくどいし

神社や寺院で百度参のために目印として立てた石柱。石柱と本堂、拝殿の間を百ぺん往復する。

百度参　ひゃくどまいり

個人的な願《がん》をかけその成就《じょうじゅ》を願って行う。はじめは毎日続けて百度参ることをいったが、のち一日のうちに百度参るように簡略化された。「お百度を踏《ふ》む」と称する。

百人一首　ひゃくにんいっしゅ

百人の歌を一首ずつ取り集めた歌集。藤原定家（一一六二―一二四一）撰という小倉《おぐら》百人一首が名高い。天智《てんじ》天皇・持統《じとう》天皇・柿本人麻呂《かきのもとのひとまろ》・山《やま》部赤人《べのあかひと》・猿丸大夫《さるまるだゆう》・大伴家持《おおとものやかもち》・安倍仲麻呂《あべのなかまろ》・喜《き》撰《せん》法師・小野小町《おののこまち》・蟬丸《せみまる》・小野篁《おののたかむら》・僧正遍《そうじょうへん》昭《じょう》・陽成院《ようぜいいん》・源　融《みなもとのとおる》・光孝《こうこう》天皇・在原行平《ありわらのゆきひら》・在原業平《ありわらのなりひら》・藤原敏行・伊勢《いせ》・元良親王・素性《そせい》法師・文屋康秀《ふんやのやすひで》・大江千里・菅原道真・藤原定方・藤原忠平・藤原兼輔・源宗于《むねゆき》・凡河内躬恒《おおしこうちのみつね》・壬《み》生忠岑《ぶのただみね》・坂上是則・春道列樹・紀友則・藤原興風・紀貫之・清原深養父《ふかやぶ》・文屋《ふんやの》朝康・右近《うこん》・源　等《みなもとのひとし》・平兼盛・壬生忠見・清原元輔・藤原敦忠・藤原朝忠・藤原伊尹《これまさ》・曽禰好忠・恵慶法師・源重之《しげゆき》・大中臣能宣・藤原義孝・藤原実方・藤原道信・道綱母・儀同三司母・藤原公任《きんとう》・和泉式部・紫式部・藤原賢子・赤染衛門・小式部内侍・

伊勢大輔・清少納言・藤原道雅・藤原定頼・相模《さがみ》・大僧正行尊・周防内侍《すおうのないし》・三条院・能因法師・良暹《りょうせん》法師・源経信・祐子内親王家紀伊・大江匡房・源俊頼・藤原基俊・藤原忠道・崇徳院《すとくいん》・源兼昌・藤原顕輔・待賢門院堀河・藤原実定・道因法師・藤原俊成・藤原清輔・俊恵法師・西行法師・寂蓮法師《じゃくれんほうし》・皇嘉門院別当・式子内親王《のりこないしんのう》・殷富門院《いんぶもんいん》大輔・九条良経・二条院讃岐《さぬき》・源実朝・飛鳥井《あすかい》雅経《まさつね》・前大僧正慈円・藤原公経・藤原定家・藤原家隆・後鳥羽院・順徳院。

百人番所 ひゃくにんばんしょ

江戸城の大手の三ノ門を警備した番士の詰所の称。鉄砲百人組が警備に当たった。番所の建物は皇居内に現存する。

百人部屋 ひゃくにんべや

人足寄場《にんそくよせば》の別称。日傭稼《ひようかせぎ》の人びとを収容・宿泊させ、明治以後には人足屯所《にんそくとんしょ》といった。

百聞不如一見 ひゃくぶんはいっけんにしかず

何度くり返し聞くより、実際に一度みる方がまさる。

百味簞笥 ひゃくみだんす

漢方医が薬品を入れておく、小さい引き出しがたくさんついている簞笥。薬味簞笥とも。

百眼鏡 ひゃくめがね

万華鏡《まんげきょう》のこと。円筒内に鏡板を三角に組み入れ、種々の色のガラスやセルロイドの細片を入れ、手で回しながら筒の一端の穴からのぞき、模様の変化をたのしむ玩具。

百目筒 ひゃくめづつ

百目玉（重さ一〇〇匁＝約三七五グラムの玉）を用いる大砲。

百面相 ひゃくめんそう

簡単な変装で顔の表情をいろいろに変えてみせる寄席《よせ》芸。

百薬の長 ひゃくやくのちょう

一番の薬。酒をほめていう。

百葉箱 ひゃくようそう

気温や温度などを測定する計器を入れておく木造の箱で、周囲を鎧戸《よろいど》で囲み白ペンキで塗る。計器の高さが地表から一・五メートルになるようにし、芝生を植えた地面に固定する。

百科辞典 ひゃっかじてん

万物百般の知識を集積した辞書で、エンサイクロペディア encyclopedia の訳語。「事典」とも用いられる。中世にも『塵袋《ちりぶくろ》』『塵添壒嚢鈔《じんてんあいのうしょう》』『下学集《かがくしゅう》』『節用集《せつようしゅう》』など百科辞典的なものがあったが、江戸時代には『和漢三才図会《わかんさんさいずえ》』のような絵入りのものも出た。明治六年（一八七三）から、イギリスの小百科事典の翻訳が行われ、部門別の小冊子とし、その全体を『百科全書』と称した。本格的な百科事典は大正八年（一九一九）完成の『日本百科大辞典』（一〇巻、三省堂刊）で、ついで昭和十年（一九三五）完成の『大百科事典』（二八巻、平凡社刊）であった。平凡社版ははじめて「事典」と称し、現在ではこの用語が一般的である。

百貨店 ひゃっかてん

多種類の商品・サービスを扱う大規模小売店。デパート。明治三十七年（一九〇四）の三越《みつこし》にはじまり、白木屋・大丸・高島屋・松坂屋、大正期に地方の山形屋（鹿児島）・天満屋《てんまや》（岡山）丸井今井（札幌）など、いずれも呉服屋が近代的な脱皮をはかったものである。

百貫の鷹 ひゃっかんのたか

高値で買った鷹も放ってみなければ真価はわからない。実際に使ってみて、はじめて物の値打ちがわかるたとえ。

百鬼夜行日 ひゃっきやぎょうにち

いろいろな妖怪が列をなして夜歩く日で、夜間外出を忌む日。正月子《ね》の日、二月午《うま》の日、三月巳《み》の日、四月戌《いぬ》の日、五月未《ひつじ》の日、六月辰《たつ》の日。

百軒長屋 ひゃっけんながや

何軒も棟の続いた長屋。棟割り長屋。一軒の家を壁で区画した粗末な住宅。〝うなぎの寝床《ねどこ》〟などとも。

百石船 ひゃっこくぶね

米一〇〇石（重量で約一五トン）を積むことのできる船。百積《ももさか》船。海船・川船を問わない。

百　疋 ひゃっぴき

銭一貫文（一〇〇〇文）のこと。一疋は一〇文。

百本杭 ひゃっぽんぐい

波よけのために岸に近い水中に打ち並べた杭。江戸隅田川に面した横網《よこあみ》（現墨田区）の百本杭が著名である。

百日祝 ももかいわい

子どもが誕生してから一〇〇日めの夜、重湯《おもゆ》に餅を入れて含ませる儀式。五〇日めにも行う。↓（五十《いか》の祝）。

百積船 ももさかぶね

百石積の船。「積」は容量をあらわす。

百度食 ももどのじき

平安時代、繁忙の官人に対して大炊寮《おおいりょう》・大膳職《だいぜんしき》から給与した米飯・魚・塩。給食。

当　百 とうひゃく

天保六年（一八三五）から発行された百文通用の銅銭。表に「天保通宝」裏に「当百」の字があった。小判形。

百一口銭 ひゃくいちこうせん

幕末から明治初期、横浜で中国人貿易商や欧米外商の中国人番頭に支払われた口銭で、取引額の一〇〇分の一。

百一文　ひゃくいちもん

江戸時代、朝に一〇〇文を借りて晩に一文の利息をつけて返済する金。

一百五日　いっぴゃくごにち

冬至《とうじ》の翌日から一〇五日め、寒食《かんしょく》の日。風雨激しく、火を断ち、煮《に》たきしないで物を食べる。

百八煩悩　ひゃくはちぼんのう

人間の迷いのもととなる煩悩の数。これをさますために寺で鐘を百八つつく。また百八の珠《たま》をつないで数珠《じゅず》をつくることから「百八」は数珠そのものを指していう。

百九軒　ひゃくきゅうけん

江戸時代、浅草の蔵宿《くらやど》のこと。享保九年（一七二四）江戸町奉行が蔵前の札差《ふださし》の数を一〇九と定めたのによる。蔵宿（＝札差）は、幕臣の俸禄米の受取と販売・換金業務を代行した豪商。手数料は禄米一〇〇俵（三五石）につき金三分にすぎなかったが、禄米を担保にした高利貸付で巨大な利益をあげていた。

一一〇番　ひゃくとおばん

ダイヤル番号一一〇の電話。事故や犯罪の起こったとき警察官の出動を求める。昭和二十三年（一九四八）大阪府警が設置したのが最初で、同三十二年全国に拡大した。

一一九番　ひゃくじゅうきゅうばん

ダイヤル番号一一九の電話。緊急通報用の電話番号。火災・事故や急病人のでたときに、消防自動車、救急車の出動を求める。消防署への火災通報電話番号は昭和二年（一九二七）から一一九番であったが、東京消防庁が専用電話一一九番を設けたのは昭和二十四年のこと。

百二十里　ひゃくにじゅうり

江戸―京都間の距離の概数。また東海道のこと。明治時代の実測では一二九里二三町二一間（五〇九キロメートル余）。

小《しょう》

古代・中世に行われた土地の面積の単位。大・半・小制の小で一二〇歩に相当。

一百三十六地獄《いっぴゃくさんじゅうろくじごく》

寒地獄、熱地獄それぞれに八大地獄、および各一六の小地獄計一二八地獄の合計。

半《はん》

古代・中世に行われた土地の面積の単位。大・半・小制の半で一八〇歩に相当する。

二百海里水域《にひゃっかいりすいいき》

沿岸から二〇〇カイリ（三七〇キロメートル）までの範囲で排他的管轄権をもつ水域。水域内の漁業資源の利用・保存、鉱物資源の開発、海洋汚染の防止などの権利保護を目的とし、一九七七年に日本も容認した。

二〇三高地《にひゃくさんこうち》

日露戦争での激戦地。旅順港背後の標高二〇三メートルの高地。ここをめぐって激しい攻防戦が展開され、明治三十七年（一九〇四）十二月五日乃木希典の第三軍がようやく占領した。多数の戦死傷者を出し、乃木の作戦指揮の拙劣さが非難された。

二百十日《にひゃくとうか》

立春から二一〇日めの日。九月一日頃に当たり、稲の開花と台風の襲来が重なる厄日とされている。

二百二十日《にひゃくはつか》

立春から二二〇日めの日。二百十日と同様に台風の襲うことが多く、厄日とされる。

大《だい》

古代・中世に行われた土地の面積の単位。大・半・小制の大で、二四〇歩に相当する。

三百代言　さんびゃくだいげん

明治初期、代言人（＝弁護士）の資格をもたずに訴訟などを取扱った者。また弁護士をののしっていう。「三百」とは低級・安物の意。

三百五十四箇日　さんびゃくごじゅうしかにち

太陰暦での一年の日数。そこから、一年じゅうの意。

三百六十日　さんびゃくろくじゅうにち

陰暦の一年は約三六〇日であるので、一年、また一年じゅう。

三百六十五日　さんびゃくろくじゅうごにち

太陽暦で一年は約三六五日であるので、一年のこと、また一年中の意。わが国が現行の暦（グレゴリオ暦）を採用したのは明治五年（一八七二）で、その年の十二月三日を明治六年一月一日とした。

四百余洲　しひゃくよしゅう

中国全土のこと。明治二十五年（一八九二）につくられた唱歌「元寇《げんこう》」に「四百余洲を挙《こぞ》る／十万余騎の敵／国難ここに見る／弘安四年夏の頃／なんぞ怖れんわれに／鎌倉男子あり／正義武断の名／一喝して世に示す」（永井建子作）とみえる。

五百羅漢　ごひゃくらかん

第一および第四仏典の結集に参加した釈迦の弟子五〇〇人。

五百八十　ごひゃくはちじゅう

古来めでたい数とされ、長寿を祝うとき、また祝儀物の数に用いた。婚礼のあと三日めか五日めに、里帰りに際して両家で餅をつき、親類や近所に配る。また餅撒《もちま》きをして拾ってもらう五八〇箇の餅。

六百番歌合　ろっぴゃくばんうたあわせ

建久四年（一一九三）秋、藤原良経邸で催された歌合。左は良経・季経・兼宗・有家・定家・顕昭、右は家房・経家・隆信・家隆・慈円・寂蓮の計一二人。判者は俊成。各人一〇〇首で計一二〇〇首（＝六百番）を詠《よ》んだ。御子左《みこひだり》家と六条家の歌風の対立を反映している。顕昭は『六百番陳状』を書き六条家流と激しく対立した。

八百長　やおちょう
なれあい。相撲その他の競技で、事前に打合わせておいて、表面上真剣に勝負を争うようみせかけること。八百長相撲。

八百屋　やおや
①八百物屋。青物屋。野菜を売る人。②学問や技芸の雑駁なこと。何にでも手を出す、なんでも屋。

うそ八百　うそはっぴゃく
あれこれ嘘《うそ》を並べたてる。うそばかりいう。

八百比久尼　はっぴゃくびくに
八〇〇歳までながいきして、諸国を回ったという尼形の巫女《みこ》伝説。全国的に分布する。

八百屋　はっぴゃくや
口から出まかせに嘘をいう者。

八百八　はっぴゃくや
数の多いことをいう。八百八町《やちょう》、八百八橋《やばし》、八百八島など。

九　百　くひゃく
一貫文に一〇〇文足りないところから、愚か者をあざけっていう。

【千以上】

千　一　せんいち
千にひとつ。万一に同じ。もしかして……。

千ケ寺参　せんがじまいり
多くの寺院を順次参詣すること。一八世紀後半から流行し、千社札を貼る風もひろまった。

千貫駆　せんがんかけ
千貫文の価値のある駿馬。高価な馬。

千貫樋　せんがんどい
長大な用水樋。「せんがんび」とも。

千貫松　せんがんまつ
枝ぶりの良い老松。

千軍万馬　せんぐんばんば
①多くの兵士と軍馬。②戦闘経験が豊富なことから、社会的経験の豊富なこと。

千　劫　せんごう
きわめて長い時間をいう。「劫《こう》」とは、仏説で、天人が方四十里の大石を薄衣で一〇〇年に一度払い、石は磨滅しても終わらない長い時間のこと。

千石造　せんごくづくり
年間一千石の酒をつくる大規模な酒造業者。西摂の灘《なだ》地方で、江戸時代中期以降はじまる。寒造りの酒造技術と水車による精米がこれを可能にした。

千石通（篵）　せんごくどおし
篵《ふるい》の一種。傾斜した細長いふるいの上から舂米《つきごめ》を流して米と糠《ぬか》をふるい分け、また穀粒の選別に用いた。万石通。

千石夫　せんごくふ
近世初頭、江戸城下町普請に動員された人夫。大名の高千石について一人の割合で徴発した。

千石船　せんごくぶね
米千石相当の積載量の荷船。近世後期には弁才船《べんざいぶね》の俗称。

千載一遇　せんざいいちぐう
千年に一度のよい機会。載＝年。

千載和歌集　せんざいわかしゅう
勅撰集。藤原俊成撰で二〇巻。文治四年（一一八八）秋頃に完成した。所載歌数は一二八八首、作者は読人不知を除いて三八四名。上位入集者は、源俊頼（五二首）・藤原俊成（三六首）・藤原基俊（二六首）・崇徳院（二三首）・俊恵（二二首）・和泉式部（二一首）・藤原清輔（二〇首）など。三代集時代の古典的抒情を宗とする。

千字文　せんじもん
中国の小学書。二五〇句一千字より成る四言古詩。南朝梁の周興嗣（五二一年卒）撰。「天地玄黄」「宇宙洪荒」からはじまり、「謂語助者」「焉哉乎也」に至る。

千社札　せんじゃふだ
千社詣《もうで》の人が社殿に貼る紙の札。

千社詣　せんじゃもうで
多くの神社を巡拝・祈願すること。

千秋万歳　せんしゅうばんぜい
千年万年で、長寿を祝う言葉。「せんずまんざい」とも。これは正月の祝福芸能。

千手観音　せんじゅかんのん
一切の衆生を利益し安楽を与える菩薩。千手千眼の表現は広大な誓願をあらわしている。六観音のひとつとされ、人々の苦悩を救い、地獄におちた者を済度する。

千僧会　せんぞうえ
千人の僧を招いて法華経などを読誦《とくじゅ》する法会《ほうえ》。

千段巻　せんだんまき
弓・鑓《やり》・薙刀《なぎなた》などの柄に麻糸を巻いて、上を漆《うるし》で塗り籠めることをいう。

千町歩地主 せんちょうぶじぬし
耕地所有規模が千町歩以上の地主のこと。明治維新後、地租改正・秩禄処分の結果、豪農・商人・金貸資本の手に耕地が集中した。千町歩地主は東北地方と新潟県に集中していた。

千日講 せんにちこう
千日の間、法華経《ほけきょう》を読誦《どくじゅ》・講説する法会《ほうえ》。

千日詣 せんにちもうで
祈願のため千日間続けて神仏に参詣すること。藤原俊成は子孫繁昌を祈願して賀茂社へ千日詣をしたという。

千人同心 せんにんどうしん
八王子千人同心。江戸時代、八王子に住んだ郷士で、甲州口の警固、日光・江戸の火の番をつとめた。一組を同心百人とし、千人組。

千人針 せんにんばり
白木綿の腹巻に千人の男女に依頼して赤糸で一針ずつ縫い止め、出征者に贈ったもの。日中戦争初期に行われた。多数の念力を合わせて危難を免れようとする呪法。

千　歯（把） せんば
稲の穂から籾《もみ》をしごき取る農具。元禄年間（一六八八―一七〇四）に発明された。従来の扱箸《こきばし》にくらべて効率的だったので、後家の賃仕事であった脱穀労働力が不要となり「後家だおし」ともよばれた。

千里同風 せんりどうふう
①天下太平の世の中。②まったく逆の意で、世の中全体が乱れていること。

千里の馬 せんりのうま
一日に千里も走る駿足の馬。才芸すぐれた人物をもいう。

千両箱《せんりょうばこ》
江戸時代、小判千枚を収納する金箱《きんばこ》のこと。当時の金貨は、大判・小判・二分金・一分金などで、それぞれ千両の容積が異なるので、千両箱の大きさも異なる。

千両分限《せんりょうぶげん》
江戸時代、千両の財産をもつ富豪をいう。分限者。千両は小判（金貨）一〇〇〇枚。

千両役者《せんりょうやくしゃ》
年に千両もかせぐ、すぐれた役者。優秀で華々しく活躍する人物のこと。

千　入《ちしお》
幾度も染めること。色濃《こ》く染めること、また染まった色や物をいう。

二千石《じせんせき》
「にせんせき」とも。地方長官、国司のこと。中国漢代に郡の太守の禄が二千石であったところからいう。「良二千石」といえば有能な地方官。

三千大衆《さんぜんだいしゅ》
中世、奈良興福寺の一山の僧徒を汎称する。衆徒《しゅうと》ともよばれ、実体は大和国の在地武士で寺の被官身分のもの。いわゆる僧兵集団。「三千」という数は実数ではない。

五千石騒動《ごせんごくそうどう》
丹波国福知山藩領の万延元年（一八六〇）の一揆。

【万以上】

一万度祓《いちまんどばらい》
祓の詞を神前で一万度唱えて祓い清める。

万　機《ばんき》
多くの重要な政務。天下の政事。明治元年（一八六八）の五箇条の誓文《せいもん》に「広ク会議ヲ興シ万機公論ニ決スベシ」とある。

万　乗《ばんじょう》
一万輛の戦車。「万乗の君」といえば天子のこと。

万石以下《まんごくいか》
江戸時代、知行一万石以上の領主を大名といったが、それ以下の領主、ふつう旗本・御家人のことをいった。

万石騒動《まんごくそうどう》
正徳元年（一七一一）安房《あわ》北条藩で起こった年貢増徴反対の百姓一揆。北条藩は一万石。

万雑公事《まんぞうくじ》
平安中期以後、公領・荘園の土地に賦課された雑《ぞう》役《やく》（夫役《ぶやく》）と雑物《ぞうもつ》（現物納）。

万燈会《まんどうえ》
懺悔《ざんげ》・滅罪のために一万の燈明をともして仏菩薩に供養する法会。万燈供養。

万日回向《まんにちえこう》
江戸時代、一日参詣すると万日分の功徳《くどく》が得られるとする特定の日。

万倍日《まんばいにち》
一粒が万倍になるという日。暦の上で、金貸し、種蒔などに適した日とされる。「一粒《いちりゅう》万倍」。

萬　葉《まんよう》
「まんにょう」とも。「葉」は「世」「時代」の意。萬代、萬世。「萬葉集」。

萬有帳《よろずありちょう》
在庫品を書き上げた帳面。

萬掛帳　よろずかけちょう

掛売の品物と代金を記しておく帳面。

萬屋　よろずや

①種々の商品を売る店。雑貨屋、荒物屋。②種々の学問・技芸に通じているが、必ずしも専門家とはいえない人のこと。なんでもや。幾分軽蔑を込めていう。

一万三千里　いちまんさんぜんり

日本からオランダまでの距離。オランダ、またその国の人。転じて遠い外国のこと。

二万五千日　にまんごせんにち

京都・長崎などの清水寺《きよみずでら》の縁日《えんにち》七月十日。この日参詣すると二万五千日参詣したのと同じ功徳《くどく》があるとされた。

三万六千神祭　さんまんろくせんじんさい

陰陽道《おんみょうどう》で行う、わざわいを祓《はら》う祭。

四万六千日　しまんろくせんにち

観世音・地蔵菩薩の縁日。この日お詣りすると四万六千日お詣りしたのと同じ功徳《くどく》があるとされる。七月十日の浅草寺《せんそうじ》縁日、六月二十四日の愛宕《あたご》祭が著名。

五万石騒動　ごまんごくそうどう

明治二年（一八六九）八月から同四年十月にわたる上野国高崎藩領内の農民一揆のこと。藩八万二〇〇〇石のうち旧領（五万石領）の年貢が新領より過重だったのに対する一揆で、一揆の勝利に終わった。

五万俵割　ごまんびょうわり

松江藩で明和五年（一七六八）から文久三年（一八六三）の間に一二回、富農に賦課した臨時の租税。幕府・藩の課役遂行のための臨時徴収であった。

六万坪　ろくまんつぼ

江戸深川木場《きば》の埋立地。その広さ六万坪。約一九万八〇〇〇平方メートル。

八万騎　はちまんき

①江戸時代、旗本八万騎の略称。②「八万四千」の略。多数の意。

八万地獄　はちまんじごく

「八万」は八万四千の略。無間《むげん》地獄のこと。

八万長者　はちまんちょうじゃ

富豪。百万長者と同意。

八万奈落　はちまんならく

八万地獄に同じ。

八万四千　はちまんしせん

数が多い意。「八万」とも略称する。

十万坪　じゅうまんつぼ

江戸深川の埋立地で、江戸町人千田庄兵衛が塵芥で埋め立て享保十年（一七二五）開発した。現、東京都江東区千田・千石・海辺付近に当たる。約三三万平方メートル。

百万町歩開墾計画　ひゃくまんちょうぶかいこんけいかく

養老六年（七二二）閏四月に出された開墾法。この企てについては、水田か畠か、東北地方に限定したものか全国法か、学説が対立している。

百万塔　ひゃくまんとう

天平宝字八年（七六四）孝謙天皇が造らせ畿内十大寺に納めた百万基の木造三重小塔。高さ約一四センチメートル。銅版又は木版の陀羅尼《だらに》が納められている。法隆寺に四万余基が現存している。

加賀百万石　かがひゃくまんごく

加賀、金沢藩前田家は石高百二万五千二十余石であるが、俗に加賀百万石と称する。江戸時代諸大名中最大で、加賀・能登・越中三か国にわたり領地があった。

八百萬神　やおよろずのかみ

多くの神。「八百萬」はかぎりなく多いこと。「日本神話」の中で、天の石屋戸に隠れた天照大神を引き出そうと、天宇受売命《あめのうずめのみこと》が舞うと、八百萬の神がみな笑ったとある（『古事記』上巻）。

一億《いちおく》

第二次世界大戦中、わが国の総人口を約一億人とみて、戦時スローガンなどに用いられた数字。「一億一心」「進め一億火の玉だ」など、戦争遂行のため国民を鼓舞するスローガンがポスターなどによく用いられた。

五十六億七千万歳《ごじゅうろくおくしちせんまんざい》

釈迦《しゃか》の入滅から彌勒菩薩《みろくぼさつ》の出世までの年数。彌勒が出現して衆生《しゅじょう》を救うとした信仰があった。

十万億土《じゅうまんおくど》

「十万億仏土」の略で、極楽浄土に至るまで途中にある無数の仏土。はるかに遠い意。

億兆《おくちょう》

①限りなく多い数。②万民、多くの人民。明治二十三年（一八九〇）十月三十日に発布された「教育ニ関スル勅語」に、「朕惟《ちんおも》フニ我カ皇祖皇宗国ヲ肇《はじ》ムルコト宏遠《こうえん》ニ徳ヲ樹《た》ツルコト深厚ナリ我カ臣民克《よ》ク忠ニ克《よ》ク孝ニ億兆心ヲ一ニシテ世世《よよ》厥《そ》ノ美ヲ済《な》セルハ此レ我カ国体ノ精華ニシテ教育ノ淵源《えんげん》亦《また》実ニ此ニ存ス（以下略）」とある。

京《けい》

数の単位。兆《ちょう》の一万倍。億の一億倍の数。

分類別索引

社　会

たたかい

文　化

くらし

数《かず》の日本史事典《にほんしじてん》

■著者略歴■

阿部　猛（あべ　たけし）

1927年　山形県に生まれる。
1951年　東京文理科大学史学科卒業。のち北海道教育大学、東京学芸大学、帝京大学に勤務し、
現　在　東京学芸大学名誉教授、文学博士。
主要著書
『日本荘園成立史の研究』（雄山閣、1960）、『律令国家解体過程の研究』（新生社、1966）、『尾張国解文の研究』（新生社、1971）、『平安前期政治史の研究 新訂版』（髙科書店、1990）、『日本古代官職辞典』（髙科書店、1995）、『太平洋戦争と歴史学』（吉川弘文館、1999）、『古文書・古記録語辞典』（東京堂出版、2005）、『日本荘園史の研究』（同成社、2005）、『近代日本の戦争と詩人』（同成社、2005）、『度量衡の事典』（同成社、2006）、『盗賊の日本史』（同成社、2006）。

2006年7月5日　発行

著　者　阿　部　　猛
発行者　山　脇　洋　亮
印　刷　㈱熊谷印刷

発行所　東京都千代田区飯田橋
4-4-8　東京中央ビル内
㈱同成社
TEL 03-3239-1467 振替 00140-0-20618

ISBN4-88621-361-8 C1021